平成・令和にみる経済現象

松井 温文　編著

五絃舎

はしがき

　流通・マーケティングを研究する我々にあって、市場をどのように把握するのかという視点は分析の出発点である。市場の捉え方の重要性は一般的に、実務の世界においても、経済活動を継続・発展させるための絶対的なものである。特に、先端的な商品やサービスを市場に導入しようとする主体が捉えようとする市場は将来的な予測によるものであり、措定者の観念的能力にその妥当性は大きく依存する。将来的市場を措定するため、過去と現在の市場をその基礎になるようしっかりと分析する必要がある。

　更に、主体の性格が異なれば、捉えようとする市場も異なることは当然である。そのような問題からすれば、市場の様相を一般化させることは困難を極める。

　本書で対象とする市場は我々の関心にある限定されたものではあるが、消費者の多くが日常的に感じているであろう市場を可能な限り理論的・論理的に説明することに努めたつもりである。

　本書の目的は我々と同様な研究領域にある研究者や初学者だけでなく、日々経営実践に携わる人たちに対して、何らかの有用な機会を創造するための基礎の提供である。

　最後に、本書の企画に賛同し、御協力下さりました諸先生方に深く御礼申し上げます。又、この企画を快くお引き受け頂き、御丁寧な対応をして頂きました五絃舎の長谷雅春社長に深く御礼申し上げます。

2021 年 9 月 8 日

執筆者を代表して

松井温文

目　　次

はしがき

第1章　消費の二面性 ——————————————————— *1*
　はじめに ————————————————————————— *1*
　第1節　所得の二極化 ——————————————————— *2*
　第2節　消費の二面性 ——————————————————— *9*
　第3節　一般大衆消費者の消費の多様性 ————————— *12*
　第4節　高額所得者の消費の多様性 ——————————— *16*
　おわりに ———————————————————————— *18*

第2章　ネット市場の拡大 ———————————————— *19*
　はじめに ———————————————————————— *19*
　第1節　ネット市場の捉え方と現況 ——————————— *19*
　第2節　ネット市場の形態と特徴 ———————————— *20*
　第3節　コロナ禍における新たなネットビジネスの可能性 —— *22*
　おわりに ———————————————————————— *27*

第3章　高度に洗練されたマーケティング ——————— *29*
　はじめに ———————————————————————— *29*
　第1節　マーケティング登場以前の様相 ————————— *30*
　第2節　製品差別化戦略 ————————————————— *31*
　第3節　市場細分化戦略 ————————————————— *34*
　第4節　社会性を強調するマーケティング ———————— *37*
　第5節　更なるアプローチの登場 ———————————— *38*
　おわりに ———————————————————————— *39*

第4章　マーケティング力の低下 ————————————— *41*

　はじめに ————————————————————————————————— *41*

　第1節　今日的市場の性格による影響 ——————————————— *42*

　第2節　増強する大手小売企業 ————————————————— *44*

　第3節　変貌する競合企業の性質 ————————————————— *46*

　おわりに ————————————————————————————————— *49*

第5章　大手小売企業にみる商業大規模化の論理 —————— *51*

　はじめに ————————————————————————————————— *51*

　第1節　商業大規模化の論理 —————————————————— *51*

　第2節　倒産の事例と理論的整理 ————————————————— *55*

　おわりに ————————————————————————————————— *57*

第6章　地域活性化と古民家再生 ————————————————— *59*

　はじめに ————————————————————————————————— *59*

　第1節　古民家の価値化 ———————————————————————— *59*

　第2節　古民家再生によるブランド化 ——————————————— *61*

　第3節　地域活性化における古民家再生施設 ——————————— *62*

　おわりに ————————————————————————————————— *66*

第7章　地域活性化とゲストハウス ————————————————— *67*

　はじめに ————————————————————————————————— *67*

　第1節　ゲストハウスについて ————————————————— *67*

　第2節　地域活性化としてのゲストハウスの役割 ————————— *69*

　第3節　事　　例 —————————————————————————————— *70*

　おわりに ————————————————————————————————— *75*

第8章　地域活性化とオタク文化 ―――――――――――――― *77*
　　　　――大学の貢献を基軸に――
　はじめに ――――――――――――――――――――――――― *77*
　第1節　既存文献のレビュー ――――――――――――――― *77*
　第2節　既存文献の整理と補足 ―――――――――――――― *83*
　第3節　大学貢献の可能性 ―――――――――――――――― *85*
　おわりに ――――――――――――――――――――――――― *93*

第9章　地域活性化とコミュニティ・ビジネス ――――――― *95*
　はじめに ――――――――――――――――――――――――― *95*
　第1節　コミュニティ・ビジネスとソーシャル・ビジネスの概要 ――― *95*
　第2節　コミュニティ・ビジネスの組織形態と効果 ――――― *98*
　第3節　コミュニティ・ビジネスの課題 ―――――――――― *100*
　第4節　「元気じるし株式会社」の事例 ―――――――――― *101*
　おわりに ――――――――――――――――――――――――― *105*

補章1　大学教員による実践教育と就職指導 ――――――――― *107*
　はじめに ――――――――――――――――――――――――― *107*
　第1節　フィールドワークの事例 ――――――――――――― *108*
　第2節　実践教育 ―――――――――――――――――――― *110*
　第3節　就職指導 ―――――――――――――――――――― *111*
　おわりに ――――――――――――――――――――――――― *113*

補章2　家族 ―――――――――――――――――――――― *115*
　はじめに ――――――――――――――――――――――――― *115*
　第1節　核家族・単独世帯 ―――――――――――――――― *116*
　第2節　家族内の信頼関係 ―――――――――――――――― *117*
　第3節　新しい家族感 ―――――――――――――――――― *117*
　おわりに ――――――――――――――――――――――――― *118*

第 1 章　消費の二面性

はじめに

　物財を中心とするマーケティング、又、それの発展系として、サービス財を中心とするサービス・マーケティングの対象とする消費者の行動は時代の流れと共に変化する。それは消費者固有の独自的論理に従ったものであるかもしれないが、筆者は基本的にマーケティングやサービス・マーケティング諸活動の影響を受けた結果であると認識する。もちろん、消費者が人間として、経済社会の構成員であるという前提にあって、その本性として持ち得る欲求や欲望を無視するものでは一切ない。それは制度的経済学の創始者である T. B. Veblen が示した衒示的消費 [1] にみられるものであり、それなくして、今日的消費者行動は成立しない。

　消費の多様性、個性化はかなり以前から言われていた。この用語は今日も使用されるが、その具体的内容は過去と比較して、どのようにあるのであろうか。このような基本的な分析を本章では試みようとする。この対象をどのようなアプローチで分析するのか。これの明記は筆者の見解の妥当性を検証する際に重要である。筆者はマーケティングを経済現象として、又、サービス・マーケティングは提供されるサービスが販売促進活動、所謂、価値実現のための単なる使用価値としての手段に止まるものではなく、それをより積極的に財であると認識する消費者と企業に限定した上で、経営学的分析の域を超えるものではないが、積極的に経済現象として捉える立場にある。

---

1)　T. B. Veblen, *The Theory of the Leisure Class: An Economic Study in the Evolution of Institutions*, New York, 1899.(小原敬士訳『有閑階級の理論』岩波書店、1961 年)。

第1節　所得の二極化

　我が国の特徴として、過去には総中流意識を生み出すような平等主義的所得構造があった。これは個人が力を合わせ、国民全体の生活水準を高めようとする思想にもつながり、公平な、それは平等な分配に預かろうとするものである。社会主義諸国では制度によってその分配を管理するものであるが、我が国にあって、それは国民の精神的な枠組みとして、慣習や慣行として受容されていた。所得が横並びになるこの構造は平等意識と同時に、それに反するかのような個人間の競争をも生み出すという特徴があった。多くの国民は給与所得者であるため立場上給与額を自らが自由に変更することは困難である。確かに、賞与での差はその時々の成果に対する報酬として変動するものであるが、総じて、その金額が給与全体に多大な影響を与えるものではない。大差のない所得であるからこそ、その少しの差が個人間の精神的な競争意識を助長させる。その差は絶対的又は相対的なもののどちらであるかは関係がない。差の存在それ自体が競争意識を生み出した。J. K. Galbraith が示した依存効果[2]がまさに機能する土壌がそこにある。我々の認識にあって、そのような個人的競争は他国にみられない程過剰に、消費者ニーズを個別商品として具現化する契機を与えた。消費者ニーズにおける多様性の現象の本質は精神的な有り様であるが、それは自立的に現れるものではなく、それに対応する市場への商品の導入と購買によって明確化する。消費者ニーズの様相に対応しようとする企業努力が我が国の経済発展の原動力になったとも理解される。

　そのような過去と比較して、今日的状況は一変した。結論だけ述べておこう。所得の二極化は高額所得者と低額所得者という2つの階層への明確な分断を意味するだけでなく、一般大衆消費者はここで言う低額所得者に位置付けられる。これは総中流意識の崩壊につながり、マーケティングの主体に計り知れない程

---

2)　J. K. Galbraith, *The Affluent Society*, Boston: Houghton Mifflin, 1958.（鈴木哲太郎訳『ゆたかな社会』岩波書店、1960 年）。

の影響を及ぼす。先述した個人レベルでの競争意識は基本的な購買意欲を底上げするものであり、今日的状況はその土台を喪失させることになるからである。特に、今日的現象は低額所得者の所得のますますの低下だけでなく、高額所得者の割合が高まり、高額所得者の存在が以前のような特別なものではなくなったことにある。低額所得者は自らの周りの他者と如何に競いあっても、それは階層的には低い水準での限定的な範囲での競争であり、過去のような意味・意義が喪失し、消費者間のライバル意識が急速に低下した。高額所得者の存在感が一般大衆消費者の意識に強く働いたのである。消費者の購買量には基本的に限界がある。過去のような強い購買意欲が見込めない今日、経済全体での生産額は基本的に低下傾向に陥ることになる。それはますます現象するデフレーションに負の循環を生み出す危険性を高める。

　マーケティングの対象は細分化戦略や消費者志向がいかに促進されようとも、一般大衆消費者であることには変わりない。所得の二極化の片面を形成する低額所得者層の購買行動からみていこう。近年、平均給与はますます低下傾向にある。その要因として考えられる 1 つの現象はデフレーション経済（以降はデフレと省略表記）である。現象する物価の下落は直接的に商品の購入を容易にすると考えられる。論理上、それは日常生活を豊かにするはずである。ところが、その現実はそれとは相反するものとなる。吉川洋によれば、物価の継続的な高騰であるインフレーションは問題が顕著に表れ、それの処方箋はより一般化されたものであるのに対して、デフレのそれに対する明確な処方箋は存在しない。デフレに対する認識において、我が国の歴史を遡れば、政府と日銀との度重なる見解の相違があった。強力なリーダーシップを発揮した小泉純一郎首相であってもこの問題に対する明確な認識は出来ていなかった程である。2008 年の世界同時不況は世界経済をデフレに追い込みはしたものの、実際には日本だけが陥ったという特殊性もあり、我が国では未だにこの状況から抜け出せていない。[3]

---

3)　吉川洋『デフレーション』日本経済新聞出版社、2013 年、2–38 頁。

　白川方明によれば、物価下落を景気悪化の原因とみる立場と物価下落は景気悪化の結果であり、物価下落が原因となって景気悪化が生じているとは考えない全く異なる立場がある[4]。日銀は吉川と同様に後者の立場にある。企業は消費者志向の時代を受け、特に低価格志向が競争力の源泉であるかのような市場環境下にあって、コスト削減に多くの資源が投入された。しかし、本来的な競争力は価値物そのものである商品であり、これに関するイノベーションへの投資が優先されなければならなかった。その努力を怠ったために市場創造力が低下し、ますます低価格競争という側面のみが強化され、それによる財務体質の悪化は我が国における従来の企業慣行を取り崩すまでに追いやった。成果主義という新しい制度を導入し、その魅力を従業員に訴えかけることによって、日本的経営の柱であった終身雇用制が破棄された。又、賃金そのものよりも雇用の安定・維持を重視する労使間の合意により、名目賃金の引き下げを労働者側に受け入れさせた。これがデフレを我が国固有の現象として定着化させたのである[5]。

　もう一度今日の経済社会を分析すると、平均給与の低下を受け、又、所得格差による一般大衆消費者の購買意欲の全体的な低下も加わり、各社は低価格商品の市場への導入こそが消費者志向であるという認識の下で、その実際においては各社の商品開発に係る努力不足の結果であるとも言えるが、市場には安価な商品が溢れる。このような商品は安価であることに比例して品質が悪いものではあっても、その事実を消費者は受け入れ、価格のみを購買意思決定の基準に据えるのであるならば、それはそれ相応にではあるが、一応に問題は解決される。しかしそのようにはならず、消費者から求められている価格と品質は比例せず、価格を低下させ、品質を上げよとの経済学的には説明が困難な、それは消費者の単に身勝手な欲望に過ぎないのが現実ではあるが、それが消費者志向という地位を得ている。このような状況下にあって、各社は生産設備の稼働率を高めるだけではコスト削減の対応が困難となる。最終的には人件費の削減

4)　白川方明『現代の金融政策－理論と実際－』日本経済新聞出版社、2008 年、374 頁。
5)　吉川、前掲書、196－221 頁。

に着手しなくてはならない。ところが、国内における従業員の給与の引下げには労働基準法との、又は、社会通念上の限界がある。先の消費者ニーズへの対応が絶対的なものとして強いられるならば、人件費が安い諸外国での生産に移行するという選択肢しか残らない。国内の生産に従事する労働者の人件費の直接的な削減はなされないものの、最終的には労働者は職場を失う可能性が高まる。その究極的危険性を打開する方策として、最終的には名目賃金の引き下げを労働者が受け入れなければならなくなる。このような悪循環によって、一般大衆消費者は負の連鎖としてのデフレ・スパイラルに陥ることになる。

　この分析を更に一歩深化させれば、消費者が品質の高い商品を安価で購入したいという、その実質的是非はひとまず横に置いて、一般に受け入れられている消費者ニーズ、それは経済合理性に合致した消費者の購買行動を分析しよう。生産コストを削減するため、低賃金で労働者を容易に確保出来る海外での生産への移行がなされる。このような過程を経た商品を現在我が国の消費者は積極的に購買する。又、このような商品は低額所得者が購買する対象となる。個人の消費量を一定とするならば、海外生産された商品の購入は同質な商品の国内生産を圧迫する。国内外における価格差がその最も大きな要因である。国内市場の縮小の影響を受け、国内生産量の削減・調整は直接国内工場労働者の絶対的労働量に影響する。低価格な商品を所得の低下を補うために、低額所得者は自らの生活を維持するために経済合理的な購買行動を行った結果、自らの首を絞めるという悪循環に陥る。その点からすれば、今日にみられる消費者志向は社会経済的に本来的であるとは認められないものと筆者は考える。

　これの対局にある高品質で高価格な商品、例えば、海外高級アパレル商品を確認しておこう。そのような商品は大量生産されることなく、マーケティング諸活動の援護を受ける必要性が低い。それらの商品が実用面での機能に優れているのかと問われれば、そうではないと回答せざるを得ないこともある。機能面だけを捉えると、大量生産された商品の方が優れていることが多い。しかし、それらの商品はデザイン性を最優先するため、時としてデリケートな素材で縫製され、衣類としては強度が劣る場合があり耐久性の点で問題があることも否

めない。そうではあるが、それらの衣類は1シーズンだけの利用で終わらせることを前提に製造されたファスト・ファッション商品とは決定的に設計思想が異なっている。流行を牽引するそれらの商品は芸術品と同様な価値を形成する観念財に接近する。確かに、流行商品という点では一時的で限定的な期間における使用価値しか形成しないのではないかとの批判を受けるかもしれない。そのような側面を否定は出来ないが、ファスト・ファッションとの相対的な比較においてはその事実を黙殺してもよいものと筆者は認識する。ファスト・ファッション商品が家庭で洗濯出来る程度の使用価値であることに対して、海外高級アパレル商品は着用後クリーニング店で洗濯される可能性が高いことは大きな特徴である。繊細な取扱が求められる当該商品の洗濯には、専門技術が不可欠である。又、消費者のその商品への思い入れもあり、大切に使用したいと考えられるからでもある。糸の解れの修理やサイズの手直し等をする場合、海外高級アパレル商品は購入した店舗や専門店へ出されることが多くなる。消費者は家庭で対応可能な場合であっても、専門の職人に作業を依頼するであろう。特に、販売店でのそのような作業に対する料金は一般的なそれと比較して高額になる。一見すれば、又、批判的にみれば、高級アパレル商品はその購入だけでなく、その維持に係って、様々な追加的費用を継続的に発生させるという意味にあって、経済合理性に反する商品であるかのように捉えられるかもしれない。しかし、経済合理性に従って安価な商品を買い求めた結果として引き起こされる先述された消費者による自己矛盾と比較した場合、高級アパレル商品に対する購買行動の意義は大きく異なる。それは専門の職人に対する労働量が増加すると同時に、一般的な商品と比較して、高額な商品の購入量、それは金額ではなく数量が少なくなり、その結果として、先述した人件費を削減するための諸外国での生産量の増加による国内の労働量の低下を招く可能性は低くなる。もし高品質高価格であり、機能性や耐久性においても優れた商品であるならば、その社会経済的意義は更に高まることをそれとは対局にある商品の事例を持ってここでは示したつもりである。デフレからの脱却は消費者が自らの購買行動を冷静に評価・判断する姿勢によって大きく影響されることを忘れてはならな

い。この現象は我が国消費者の利己的行動への警告であるとも理解されたい。

　所得の二極化の要因に関する分析の最も有力なものとして、高齢化社会が挙げられる。但し、これは現代社会における構造上の必然的現象であり、マーケティングにおける環境要因の中にあって、管理が全く出来ない要素であると位置付けられる。これは重要な要素ではあるが、本章における中心的関心ではないため割愛する。本論に戻れば、企業の雇用形態における変化がその要因として挙げられる。企業では過去と比較して働き方が多様化している。成果報酬制度、フレックス出勤制度、在宅勤務制度、又、雇用形態の広がりも多岐にわたる。特に顕著な現象として、派遣社員や契約社員等の非正規雇用労働者の増加である。アルバイト、パート、フリーターもあるが、これらとは意味内容が大きく異なる派遣社員や契約社員等は企業経営の根幹的構造に係る雇用形態だからである。南方建明によれば、企業内部で処理されていたサービス業務の外生化として、経済産業省による東証 1 部上場企業対象の調査結果では、中核的な人事管理業務は 3 分の 1 程度に留まるが、総務部門では約 6 割、人事部門では約 5 割の企業が外部委託をしている。[6]非正規雇用労働者の採用による企業内業務での変化として、勤続年数の比較的少ない正規雇用労働者がそれまで担っていた業務を非正規雇用労働者に引き継ぐことで、人件費が抑制される。それは同時に、この雇用形態の積極的推進によって、企業内での構造的分断が現れ、職位階層数が一段階増えたとも理解され、正規雇用労働者はますます管理的労働、質的に高い水準での労働が中心となる傾向を強める。当然、そのような構造的分断は給与所得での乖離をますます生じさせる。正規雇用労働者は勤続年数や昇進等に伴う昇給があるのに対して、非正規雇用労働者に対してそのような制度は適用されない。この構造的分断は今後もますます進むであろうことから、当然に、所得には歴然とした格差が現れ二極化がますます進むこととなる。

　又、説明は困難であるが、年間所得が 1,000 万円を超える高額所得者の割合が過去と比較して 2 倍になっている現実もある。

---

6)　南方建明「サービス経済化の進展」南方建明・宮城博文・酒井理『サービス業のマーケティング戦略』中央経済社、2015 年、15–23 頁。

　所得の二極化を、特に、低額所得者の深刻な状況を間接的に示す現象がある。所得の断続的な低下によって、消費は冷え込み、買い控えが加速するため、商品の販売が不振となる。先述したようにその是非はともかくとして、各社は格安商品を提供することで消費者の関心を引く努力をする。100 円均一ショップや業務スーパーのような格安小売業態は年々増加している。更に、近年、従来の商品からは大きく下方修正させた新たな業態を各社が展開していることは注目に値する。一部の低価格商品だけでは消費者への訴求力を十分確保出来ないと管理者が判断したのか、業態という大きな枠組みでの積極的な対応を行っている。その事例として、イオンはディスカウント・ストア事業をグループの成長戦略の一つと位置付け、2011 年 8 月からイオンビッグ株式会社を分社化し、格安業態の「ザ・ビッグ」を運営している。「買えば買うほど安さがわかる」をスローガンに、斬新かつ破壊的な価格で生鮮食料品を中心とした品揃えを行っている。[7] ローソンストア 100 では、生鮮食品、惣菜、日用品等、ほとんどの商品を 100 円の均一価格で販売している。既存のローソンで販売されている商品を小容量化し、値頃感を打ち出した商品構成も行っている。[8] ガソリン等の石油製品の販売を行う ENEOS は、スタッフによる給油サービスが提供される従来型のフルサービス店舗に加えて、消費者自らが給油を行うセルフサービス店舗のブランド EneJet を増やしている。[9] 大型家電量販店の上新電機は関東と関西で合計 4 箇所のアウトレット店を展開している。既存店舗で行われている商品の梱包を省略したり、ポイント利用を制限する等によって、価格を限界まで下げている。[10] サンプル品、型落ち品、B 級商品、過剰生産品等を低価格で販売するアウトレット・モールにおいて、当初は在庫処分品が扱われていた。しかし、近年ではアウトレット専用商品を製造する企業もあり、既存店との棲み

7)　イオンホームページ、企業情報、https://www.aeon.info/company/、2021 年 8 月 8 日閲覧。
8)　ローソンストア 100 ホームページ、会社情報、http://store100.lawson.co.jp/company/、2021 年 8 月 8 日閲覧。
9)　ENEOS 株式会社ホームページ、EneJet、https://www.eneos.co.jp/enejet/、2021 年 8 月 8 日閲覧。
10)　所沢店（埼玉県）、浦安店（千葉県）、池田店、北花田店（大阪府）の 4 店舗。ジョーシンホームページ、店舗情報、http://shop.joshin.co.jp/、2021 年 8 月 8 日閲覧。

分けが図られている。現在、日本国内には 33 箇所のアウトレット・モールがあり盛況である。[11]

第 2 節 消費の二面性

　ある消費者が可能な限り出費を抑制する一方で、こだわりがあるものへは出し惜しみしない購買行動を消費の二面性と呼ぶこととする。繰り返せば、同一人物が消費に関して相反する 2 つの特性を併せ持つものであり、懸命に節約をする一方で積極的に購買行動を行う現象を指す。消費の二面性は平均給与が低下する成熟社会における一般大衆消費者、低額所得者に特有の消費行動である。[12]当然、これは高額所得者による購買行動を示すものではない。

　我々の認識に係わる研究として、松原隆一郎は「消費の二極化」の内容を 3 つに区別する。ある消費者が二極にある高級商品と格安商品を購入する場合、高額所得者は高級商品、低額所得者である一般大衆消費者は格安商品を、まさに市場を所得階層によって二分するかのような場合、売れる商品と売れない商品とに分化する場合である。[13]この見解に対して、池澤威郎は区別された 3 つだけでなく、都市と郊外での消費の二極化もあるとした。[14]

　筆者は両者の見解に対して、最初に「二極化」の意味に注意すべきであると認識する。対極に分離されることを「二極化」と表現する。所得の二極化はまさにそれを明確に示すものであり、高額所得者と低額所得者の所得の違いは明らかに乖離した状態であるからである。後述されるが、二極化という用語を持って消費を説明することはその妥当性が確保されないというのが筆者の見解である。そうではあるが、松原が指摘するある同一の消費者が高級商品と格安商品の両方を購買する事実に対しては、筆者も関心を示すものであり、繰り返

11) 一般社団法人日本ショッピングセンター協会が抽出した、物販のアウトレット店が約 10 店舗以上集積した商業施設、http://www.jcsc.or.jp/sc_data/sc_open/outlet、2021 年 8 月 8 日閲覧。
12) 今光俊介「価格戦略−新しい高価格戦略−」伊部泰弘・今光俊介・松井温文編『現代のマーケティングと商業』五絃舎、2012 年、62 頁。
13) 松原隆一郎『長期不況論』日本放送出版協会、2003 年、207−228 頁。
14) 池沢威郎「消費の二極化と小売業態の革新」『オイコノミカ』第 43 巻 第 3・4 号、2007 年、82 頁。

すが、それを消費の二面性と呼ぶ。用語上の違いはあるが、認識する内容は同じである。

　本論に戻ろう。食に関して特に、消費の二面性が顕在化している。その事例として、回転寿司業界の動向をみてみると、元気寿司は一皿 100 円台から提供する「元気寿司」「魚べい」と並行して、高級業態の「千両」も展開する。回転寿司のスシローを運営する株式会社 FOOD & LIFE COMPANIES は、"回転すしの常識を超える逸品" の提供をコンセプトにして有名店の料理人が考案する「匠の一皿」プロジェクトや、オリジナルスイーツや有名店監修スイーツを「スシローカフェ部」の企画の下に展開し、高級業態の「海鮮三崎港」も展開する。これらの事例はある会社での業態の拡張であるが、全体として、回転寿司業界の上方向への移動は従来みられた消費者志向を単に低価格であると強く認識し、価格破壊の名の下に極端な値下げによって、消費者を囲い込んだ時代からすれば大きな転換である。低価格競争は規模の経済やその前提となる大量生産システムの力を活用した競争であると言えよう。すなわち、本来的なマーケティング競争ではないということである。確かに、過去にあって、寿司は高価な商品であるという一般的認識を覆す価格破壊を行った点ではイノベーションではあるが、消費者に割安感を与えただけであり、価値を創造しなかったことに問題がある。イノベーションは価値を創造するものでなくてはならない。この業界は自らを価値が低い商品市場に位置付けたことになる。当然、差別的優位性は価格訴求力の強い企業の参入によって直ぐに喪失する。低価格競争を継続する財務的なゆとり、又は、将来的展望が低下し、高品質高価格な価値が

15）元気寿司ホームページ、http://www.genkisushi.co.jp/、2021 年 8 月 8 日閲覧。

16）株式会社 FOOD & LIFE COMPANIES、会社概要、https://www.food-and-life.co.jp/company/profile/、株式会社あきんどスシロー、会社概要、https://www.akindo-sushiro.co.jp/company/profile.php、匠の一皿、https://www.akindo-sushiro.co.jp/takumi/、スシローカフェ部、https://www.akindo-sushiro.co.jp/cafebu/ 2021 年 8 月 8 日閲覧。

17）株式会社京樽（2021 年 4 月 1 日から FOOD & LIFE COMPANIES の子会社）、すし三崎港、https://www.kyotaru.co.jp/kaisen_misakiko/ 2021 年 8 月 8 日閲覧。

18）他の高級回転寿司チェーン店の事例として、ヤマニ水産株式会社、http://www.hamakko-sushi.com/company/、2021 年 8 月 8 日閲覧、株式会社ネオ・エモーションホームページ、http://www.neo-emotion.jp/company/、2021 年 8 月 8 日閲覧。

高い商品市場への転換を図っていると認識される。消費者は低価格な回転寿司に対して、ニーズを十分に満たす段階に至ったため、デフレであるにも係わらず、論理的には選択することのない新しい業態への関心を示している。

　POS システムによって、売れ筋商品の充実と死に筋商品の排除を徹底的に行い、効率的な経営を積極的に推進する代表的小売業態であるコンビニエンス・ストアの店内商品をみてみよう。コンビニエンス・ストアは「コンビニ」という用語にみられるように、消費者に対する利便性を根幹的な訴求力とする。それ故、消費者の居住地域に物理的な接近を図ろうとする。このような業態の基本的な対象は全ての消費者であることは明白である。この利便性について、個々の商品を確認すると、他の小売業態でも販売されている商品も多数ある。経済合理性に従えば、同じ商品であるならば、価格の低い店舗での購入がなされるはずである。業態間での競争関係で捉えるならば、同じ商品であるならば、コンビニエンス・ストアではなくスーパー・マーケットやディスカウント・ストアで購入するように消費者は動機づけられるはずである。しかし、明らかな事実として、そのような消費者の購買行動はコンビニエンス・ストアという業態の維持を困難にさせる程の結果には至らしめていない。POS システムによる情報処理の結果として、コンビニエンス・ストアは利便性だけでなく、品揃えという面においても交換価値を形成していると言えよう。簡潔にまとめれば、コンビニエンス・ストアは他の業態と比較して、定価販売を実施出来る程消費者にとっての魅力があると言うことである。

　このような他の業態よりも価格が高く設定されているコンビニエンス・ストアにおいて、我々が注目する消費者の購買行動、それは消費の二面性の存在を裏付ける現象がみられる。ローソンでは、同社が先鞭を付けた洋菓子専門店と対抗する勢いを持った上質なスイーツ、期間限定商品やプレミアム的商品等、高品質高価格な商品が豊富に販売されている。同社のスイーツブランド「ウチカフェ」は定番商品だけでなく、GODIVA、八天堂、生クリーム専門店 Milk、PABLO とのコラボ商品やパティシエが監修する商品など、毎週火曜日に新商

品が販売されている。消費者の目の前でアイスクリームとトッピング具材を混ぜ合わせるパフォーマンスで知られる高価格なコールドストーンクリーマリーのカップ入りアイスクリームは期間限定であり、且つ、コンビニエンス・ストアだけの閉鎖的なチャネルによる販売がなされている。低価格志向のプライベート・ブランド商品の割合が高まる一方で、同じ消費者に対して、高価格高品質な商品も同時に提供されている。前者がデフレを受けた経済合理性を、後者は消費者のこだわりを、それぞれが同じ消費者に向けて対応する事実を筆者は消費の二面性と呼ぶ。

第3節　一般大衆消費者の消費の多様性

　平均給与所得の低下傾向とデフレの影響を受けた経済合理的行動とそれでは説明が困難な、相反するかのような高額な商品であったとしてもこだわりに対する積極的な購買が同じ消費者に現象する消費の二面性を、消費者の購買行動を業態の転換という現象も合わせて先述した。本節ではそれら以外の消費の多様性を確認する。以下の事例は消費の二面性における経済合理性では説明が困難なもの、それはこだわりへの消費である。

　最近は至る所で外国産自動車（以降は外車と省略表記）を目にする。過去であれば、外車は単に高級であるというだけでなく、高額所得者に限定された商品であるという認識があった。すなわち、こだわりの対象としての消費者ニーズはあっても、購買可能な商品という位置付けにはなかった。しかし、今日、外車ディーラーは全国規模で至る所に出店し、そこでの販売実績は直接新車市場の拡大となっている。それと同時に、その副産物としての中古車市場の拡大にもつながり、一般大衆消費者の購買可能性は高まった。実際には過去と比較して、外車も低価格帯へのグレードの広がりをみせ、多様な階層の消費者に向け

19）株式会社ローソン、ウチカフェ、https://www.lawson.co.jp/lab/uchicafe/、2021年8月8日閲覧。
20）2015年6月8日からセブンイレブン限定で発売されたホワイト・マッドパイ・モジョは115ml入りで税込286円であった。

て積極的にアプローチする外車製造企業の姿勢もみられることを筆者も理解する。

　若者の自動車離れが様々なメディアで報じられている。その理由として、車体購入費用だけでなく維持費用の負担の大きさが挙げられている。その一方で、高級オートバイのハーレーダビッドソンは堅調な売れ行きである。維持費用が自動車と比較して低いという事実はあっても、ハーレーダビットソンそのものが高価格であることからすれば、これはまさにこだわりへの消費であると考えられる。単にオートバイに乗るだけではなく、そのブランドイメージに適合するためのファッションへの関心も高く、ハーレーの販売店では関連商品が並べられ、消費者にとって魅力ある購買対象となっている。当然、それらの商品も高価格である。

　外車やハーレーダビットソン等、それらは本来高額所得者を対象とした商品であったとも言える。しかし、今日、こだわりの対象商品として、一般大衆消費者も積極的に購買する様子を示した。それに対して、以下では高額所得者は対象とはならない一般大衆消費者に限定されたサービスをみていこう。

　サービスは複数のサービスや商品が統合された一連の過程を形成する産物である。例えば、高品質で高価格な宿泊サービスが提供される高級ホテルにおける従業員の活動を確認しよう。それらの施設では、宿泊客の多様な要望が従業員の柔軟な対応によって解決される。相手を思いやる心からの対応はホスピタリティーと呼ばれる。当然、提供されるサービスの料金は一般ホテルと比較して明らかに高額になる。そして、大切なことは施設を利用する消費者はサービスの品質を充分に評価する能力を備えていることである。高級ホテルは荘厳に造られている。特に、ファサードと呼ばれる建物正面の外観は最も重要な部分である。ホテルの等級が高く、すなわち、高級である程、ファサードは重要な意味合いを持つ。上述の高品質で高価格な宿泊サービスを評価出来る消費者を峻別する機能がそこには備わるからである。逆に言えば、一般大衆消費者には気軽には入りにくい雰囲気を作り出すのである。

　次に、宿泊客がホテルに到着してからチェックアウトする過程における様々

な場面でのホテル従業員による活動の要点を確認しよう。まず正面玄関では、制服に身を包んだドアマンが到着した車のドアをさりげなく開けて対応する。全ての従業員の中で最初に宿泊客と接するのが彼らであり、ホテルの第一印象を決定付ける重要な役割を担う。彼らは大切な顧客の顔と名前、勤務先や役職、車種等を覚えることが求められる。ドアマンは一流ともなれば 5,000 人の名前を覚えているとされる。様々な工夫によって彼らの頭の中にそれらの情報が整理されている。又、自家用車でホテルを訪れた場合、バレーと呼ばれる駐車代行専門の従業員が対応してくれる。宿泊客が玄関で車を降りると、入れ替わりにバレーが乗車して駐車場まで回送する。同様に出発の際も、駐車場から玄関まで車を回送してくれる。このバレー・サービスによって、宿泊客は到着して直ぐにホテルに入って寛ぐことが可能となる。自身で空き駐車スペースを探す徒労から解放される。ホテルに入った宿泊客をロビーで迎えるのがベル業務を行うベルボーイやベルガールである。ドアマンから荷物を引き継いでフロントまで運び、宿泊客がチェックインの手続きを完了させると客室まで案内するのが役目である。チェックアウトの際は、客室からロビーまで手荷物を運ぶ。フロントでは、ホテルの中枢を担う業務が執行され、それらは大きく宿泊予約、接遇、案内、会計の 4 つに分類される。宿泊予約ではオーバーブッキングや予約漏れがないように細心の注意が払われる。接遇は宿泊客が滞在中に発生する、全ての出来事に対応する必要がある。フロント周辺に常駐して、宿泊客の多様な要望に応える専門職がコンシェルジュである。グランドハイアット東京[21]の阿部佳は一流コンシェルジュのみの入会しか許されない世界的組織レ・クレドール[22]で、現役にして名誉会員に認定されている唯一の日本人である。彼女の真骨頂は相手の真意を読み解くことだ。たとえ宿泊客の第一希望の対応が諸般の事情で困難でも、的確な質問をし、極めて短時間のうちに相手の真の目的を見極めることで納得してもらえる代替案を提示する[23]。

21) グランドハイアット東京ホームページ、http://tokyo.grand.hyatt.com/ja/hotel/home.html、2021 年 8 月 8 日閲覧。
22) レ・クレドールジャパンホームページ、https://lesclefsdorjapan.com/about、2021 年 8 月 8 日閲覧。

　客室清掃後の点検を行ったり、備え付けの家具の点検を行ったりするのがハウスキーパーである。彼らに求められるのは、前回の宿泊客の使用痕跡を完全に消し去る旧態復帰作業である。ゴミや汚れの除去は当然のこと、気配までも消し去る必要がある。例えば予約を取ることが困難なことで知られる東京ディズニーシーのホテルミラコスタ[24]では、連泊する宿泊客が外出時、無造作に客室内に放置した自宅用に購入したぬいぐるみに、スタッフが様々な工夫をし、ポーズを付けて配置する等の手間隙をかけた客室清掃が有名である。それを目的とする宿泊客もいる程である。タオルでディズニーのキャラクターを造ったりすることで、テーマパークの余韻を客室でも楽しめるような配慮がなされる。

　直上にある高級ホテルの事例にみられるように、従来、その対象が高額所得者に限定されており、全ての要素が高品質であることが求められるため、分離出来ないとされた各要素を、一般大衆消費者向けのサービスとして、再構成するため、中核的な訴求力となる要素だけを残し他の要素を削除することによって、低価格を実現したサービスが今日みられる。基本的に、所得が少なく生活に困窮する消費者は以下のようなサービスに関心を示さないはずである。本来的な完全な形でのサービスは高額であり、そのような消費者はそれがこだわりのある対象ではあっても手が届かないため諦めなくてはならない。しかし、中核部分以外を削ぎ落とされたサービスはこだわりの一部分ではあるが、その訴求力は強くあるため、購買対象として検討されるようになる。その幾つかの事例をみていこう。

　近年、老舗の旅館が相次いで倒産に追い込まれている。異業種からの参入企業がその宿泊施設を買い取り、居抜きでその施設を使い格安業態の旅館として再生している。宿泊料金はほとんど 1 万円程度までである[25]。ビジネスホテルと同程度の料金で、過去には宿泊出来なかった高級な温泉付きの旅館への宿泊が

23）NHK ホームページ、プロフェッショナル仕事の流儀（第 256 回 2015 年 2 月 16 日放送）、http://www.nhk.or.jp/professional/2015/0216/index.htm、2021 年 8 月 8 日閲覧。

24）東京ディズニーシー・ホテルミラコスタホームページ、http://www.disneyhotels.jp/dhm/、2021 年 8 月 8 日閲覧。

25）例えば、湯快リゾートが展開する格安の温泉旅館がある。https://yukai-r.jp、2021 年 8 月 8 日閲覧。

可能となる。

　ピーチエアラインのような格安航空会社 / LCC（Low Cost Carrier）の台頭が注目を集めている。LCC はサービスを簡素化することで格安料金を実現する、短距離路線のみに特化した航空会社である。一方、従来からの航空会社はフルサービス航空会社 / FSC（Full Service Carrier）又はレガシー・キャリア / LC（Legacy Carrier）と呼ばれ、就航する長距離路線で高品質なサービスが多様に提供され、大変便利で快適であるが、当然に高額となる。それに対して LCC では、あらゆる手続きを消費者自身が行う必要があり、遅延等の問題の発生可能性も高い。そうではあっても、格安で遠方に行けるという魅力はこだわりを持つ一般所得者の購買意欲を掻き立てる。

　「俺のフレンチ」はシェ松尾「松涛レストラン」の元総料理長能勢和秀や「青山サロン」の布川鉄英等、日本有数の料理人が高級料理を破格の料金で提供する立ち飲みフレランス料理店である。ミシュラン星付き級の料理人が通常の高級店で提供される 3 分の 1 の価格で上質な料理を提供する。2011 年にわずか 16 坪の「俺のイタリアン」で始まった新しい業態はその後、「俺のフレンチ」「俺の割烹」とジャンルを広げ、12 業態が展開中である。[26]

　最後に確認しておくと、従来からの高級老舗旅館、航空サービス、高級フランス料理店の利用者、所謂、高額所得者が上述の低価格のサービスに魅力を感じるとは極めて考えにくい。それは先述したように、施設や接客サービス等の付随する要素も全て高品質であるという条件を満たすものではないからである。

第4節　高額所得者の消費の多様性

　高額所得者の消費の多様化は止むことがない。それはデフレであるということが、高額所得者の可処分所得を増やすためでもあり、又、その購買意欲を受け止めるだけの目新しい商品が溢れているからでもある。デフレは経済活動を

26）俺の株式会社ホームページ、https://www.oreno.co.jp/restaurants、2021 年 8 月 8 日閲覧。

抑制すると同時に、魅力ある商品をますます市場に導入しようとする動きもみられるからである。総中流意識が広がる時代、高額所得者は自身のステータスを示すための消費が必要であった。Veblen が示した有閑階級層に特徴的にみられた衒示的消費は特定の希少性・価値ある商品を入手すること自体から生まれる特別な消費意識や欲求である。高級アパレル商品に属するエルメスやシャネルの商品をこぞって購入する際の心理的状況であり、商品そのものの価値以外の先述した高級ホテルと同様に、販売店での様々な要素全てが重要となる。ところが、所得の二極化が顕在化する時代に突入し、そのような衒示的消費の必要性は相対的に低下した。一般大衆消費者が高額所得者に見られる消費を、こだわりの対象でない限り控えるようになったからである。

　このような現在の高額所得者の購買行動を理解しよう。大阪の観光名所の通天閣から広がる歓楽街「新世界」には、庶民には馴染み深い串かつ店が乱立する。その中でも、昭和 4 年創業のだるまは一際賑わいを見せる。「ささみガーリック」や「新世界限定漬けマグロ」等、通常の串カツ以外のメニューも豊富であり、ソースの付け方の作法を含め新鮮な体験である[27]。白菜を盛りつける独特のラーメンで人気を博す彩華ラーメンは関西を中心に 15 店舗を展開しているが、奈良県天理市には本店以外に創業時の屋台スタイルそのままでラーメンを提供する店舗がある。吹きさらしの簡素な作りの同店舗での食事は一層雰囲気が盛り上がる[28]。これら以外にも最近流行の B 級グルメも至る所で食すことが出来る。このような場所は基本的には一般所得者を対象としたものであるが、最近、高額所得者も高級な外車で乗り付けて食事を楽しむ光景も見られるようになった。

　これまでには見られなかった高額所得者のこのような購買行動は確かに消費の多様性を示すものであるが、その内容を理解することが重要であろう。所得の二極化が最終的にはこの現象を顕在化させた。つまり、このような購買対象への欲求は過去にも存在していた。それがこの時代に顕在化しただけであると

27）だるまホームページ、http://www.kushikatu-daruma.com/、2021 年 8 月 8 日閲覧。
28）彩華ラーメンホームページ、https://www.saikaramen.com、2021 年 8 月 8 日閲覧。

我々は認識する。高額所得者の代表的且つ理想的階層である貴族社会での日常生活は一般所得者にとって冷静に考えれば、非現実的なものばかりである。動きが鈍くなる程着飾られた、又、無駄の多い服装や頻繁に開催される晩餐会等、衒示的消費そのものが非現実的性質にあると言えよう[29]。それだけ高額所得者は様々な購買対象への関心は広くあると考えられる。ところが、自らのステータスをより顕在化させることによって、総中流意識にある一般大衆消費者との明確な峻別をすることが彼らに求められていたため、そのような場所での購買行動は控えざるを得なかったと考えるべきである。ところが、今日のような明確な階層社会にあって、ステータスは自らが意識して表明する努力をしなくとも明白なものとして認知されるようになった。このような状況は高額所得者に彼らにとっての非日常的体験をする精神的なゆとり、それはそれらの購買する機会を与えたのである。従来一般大衆消費者を対象にした商品は彼らに新鮮な購買対象となったのである。

おわりに

本章で取り上げた消費者の購買行動を多様な選択肢の拡大であるとするならば、経済主体は活動の機会を増加したとも理解される。もしそうではあっても、経済全体をみれば、デフレーション経済下にあって、市場全体の拡大がみられないことを前提とすれば、市場問題は単純ではない。少なくとも、寡占的製造企業はマーケティング戦略を発展させるよう動機づけられるであろう。

*本章は以下の拙稿を加筆修正したものである。
　松井温文「今日的消費者行動の構造的分析」『追手門経営論集』第 21 巻 第 2 号、2015 年。

---

29) 貴族社会の様子について以下の文献を参照。Vita Sackville-West, *The Edwardians*, 1930.（村上リコ訳『エドワーディアンズ－英国貴族の日々－』河出書房新社、2013 年）。

第2章　ネット市場の拡大

はじめに

　2020年初頭以降続いているコロナ禍において、ビジネスの在り方や消費者の消費行動に大きな変化が生じている。特に、緊急事態宣言等が発出された期間においては、外出の自粛による巣ごもり生活が求められるなか、インターネット（以下、ネットと略す）を活用したビジネスや働き方及び消費行動が顕著になっている。例えば、大学では講義形式が対面からオンラインへといった変化が起こっている状況や、ビジネスにおいてもテレワークを行う企業も見られてきている。また、消費者の消費行動も自宅にいることが余儀なくされている中、テイクアウトやデリバリーを利用する人が増加し、それに伴い、Uber Eatsや出前館といったインターネットを活用したデリバリービジネスが急速に拡大している。

第1節　ネット市場の捉え方と現況

　ネット市場とは、ネットを活用したビジネスが展開されている市場のことをいう。

　ネット市場も対象によって分類されており、企業間取引の市場を BtoB（Business to Business）市場、企業と消費者間取引の市場を BtoC（Business to Consumer）市場などと呼ばれている。

　経済産業省の「令和元年度内外一体の経済成長戦略構築にかかる国際経済調査事業（電子商取引に関する市場調査）」によると、2019年の BtoC によるネット

市場規模は、19 兆 3,609 億円（前年比 7.65% 増）であり、物販事業を対象にした EC（Electric Commerce）化率は、6.76%（対前年比 0.54 ポイント増）となっている。また、過去 10 年間の同市場規模は、年々増加傾向にあり、市場規模において 2010 年の 7 兆 7,880 億円の約 2.5 倍、物販事業の EC 化率は、2010 年の約 2.4 倍となっており[1]、市場規模や EC 化率が急速に拡大していることが窺える。

特に、2020 年初頭から見られるコロナ禍の影響は、さらに EC 市場の拡大及び EC 化率を加速しており、ネット市場の拡大が予想される。

第 2 節 ネット市場の形態と特徴

ネット市場は大きく分けると、BtoB、BtoC、BtoE（Business to Employee）、BtoG（Business to Government）、CtoC（Consumer to Consumer）、GtoC（Government to Consumer）あるいは（Government to Citizen）の 6 つの市場に分類できる[2]。

まず、BtoB 市場とは、企業間取引の市場である。原材料や部品の調達市場は基より企業向け商品の販売もネットを通じて行われる市場の事である。企業間取引においては、昨今注目されているデジタルトランスフォーメーション（Digital Transformation、以下 DX と略す）の加速度的な普及によってビジネスのあり方がネットの活用やデジタル技術を駆使したビジネスへと変化している。

DX とは、池田・沼田によると、特に、IoT（Internet of Things：モノのインターネット）や AI（Artificial Intelligence：人工知能）などの新たなデジタル技術を経営戦略に活かし、競争優位性の確立を目指すことであると捉えている[3]。特に、コロナ禍においては、BtoB 市場において、DX を活用したビジネス変革やデジタル化による効率化が求められている。

---

1) 経済産業省『令和元年度内外一体の経済成長戦略構築にかかる国際経済調査事業（電子商取引に関する市場調査）』6 頁。https://www.meti.go.jp/press/2020/07/20200722003/20200722003-1.pdf、2021 年 3 月 29 日閲覧。
2) EC のミライを考えるメディア、https://ec-orange.jp/ec-media/?p=13232、2021 年 5 月 23 日閲覧。
3) 池田佳代・沼田秀穂「デジタルトランスフォーメーション（DX）と組織コミュニケーションに関する一考察」『東海学園大学研究紀要：社会科学研究編』第 26 号、2021 年、20 頁。

BtoC 市場とは、企業と消費者間取引の市場である。第1節でも述べているよう BtoC 市場は拡大傾向にあり、企業側だけでなく、消費者側のネットへのアクセスの容易さが相まってネットを活用した消費行動が当たり前の状況となっている。特に、スマートフォン（以下、スマホと略す）の普及は、スマホが消費者において「分身」のような存在となり、1日におけるスマホへの接触時間が拡大することで、消費者の情報収集・発信の時間が増大し、結果として BtoC 市場の拡大の要因となっている。

BtoE 市場とは、企業と従業員間取引の市場である。企業が従業員に行う福利厚生や教育支援などの市場であり、その際に EC 等ネットを活用したビジネスの展開などが考えられる。具体的には、福利厚生の一環としての社内販売（自社の社内従業員への販売）の EC 利用や職域販売（取引先など他社従業員への販売）の EC 活用、従業員への自己研鑽、資格取得支援ための EC 利用による教材提供などが考えられる。特に、企業側が福利厚生サービスを拡大し、従業員への「働きやすい」環境整備を充実させられる一方において、従業員側も職場環境の改善による仕事へのモチベーションの向上や社員販売では、市価より割引して様々なものが買えるとなると、家計にもメリットがあると考えられる。

BtoG 市場とは、企業と国や地方自治体、独立行政法人等の行政機関間取引の市場である。各企業において国や地方自治体が顧客となり、EC を活用した消耗品の販売ビジネス、電子入札など EC を活用した道路工事や建築物の建設、国や地方自治体のホームページ作成や各種コンサルティング、ふるさと納税などのプラットフォームの提供などが考えられる。特に、行政が外部機関に委託される事業は数多く存在し、その多くは入札によって行われるため、入札を希望する企業は、募集状況を的確に把握するとともに、常に行政に向けての情報発信も行っていく必要がある。

CtoC 市場とは、消費者と消費者間取引の市場である。売り手と買い手双方が消費者であることが特徴的である。EC を活用したフリーマーケットであり、売り手（消費者）が出品者となり、買い手（消費者）が売り手の言い値もしくはオークション形式で落札する形式で取引が成立する仕組みである。Amazon

Marketplace、メルカリ、Yahoo オークションなどが該当する。つまり、消費者間の個人的な売買を企業が出品から決済までを支援（サポート）するサービスを提供しており、厳密には EC を活用した CtoBtoC の取引市場であるといえる。特に、消費者ニーズの多様化、細分化やエコ意識の高まりと相まって、EC 活用した CtoC の市場は今後も拡大していくものと考えられ、新たなビジネス展開も予想される。

　GtoC 市場とは、国や地方自治体、独立行政法人等の行政機関と消費者（あるいは市民）間取引の市場である。特に、行政機関と消費者あるいは市民における行政サービスの手続きについてネットを活用して行うことが考えられる。具体的には、住民票、戸籍謄本、パスポート等の電子申請、ネットを活用した e-Tax による確定申告、自治体が管理する施設の電子予約、マイナンバーカードの登録などが考えられる。つまり、行政サービスについてネットを活用して消費者や市民が利用、購入する市場である。今後、このような GtoC 市場もデジタル化社会の進展によってますます拡大していくものと考えられる。

第3節　コロナ禍における新たなネットビジネスの可能性

1. フードデリバリーサービス

　近年、飲食料品や料理といった宅配サービス（フードデリバリーサービス）が拡大している。女性の社会進出、高齢化社会、1 人世帯の増加、食の簡便化などによる中食（市販の弁当や総菜など食する人が調理せず、家庭や職場、学校などに持ち帰ってそのまま食べること。）の増加といった理由以外にも特にコロナ禍によって "Stay Home" という意識の高まりやテレワークといった企業の働き方が、その需要を拡大させている。また、消費者が電話や FAX といった従来型の注文方式以外にも、パソコンやスマホを使ってオンラインで注文し、各個人宅や事務所に配達してもらうといったフードデリバリーサービスが拡大している。

　2019 年の中食産業の市場規模は、7.3 兆円であり[4]、2020 年の出前市場規模は、6,264 億円であり、前年比で 50% 増となっており[5]、コロナ禍の影響によって出前市場の規模が拡大したものと推察される。

　また、これまでのような飲食店や宅配ピザ専門店の単独でのフードデリバリーサービス以外にも飲食店以外のフードデリバリーサービス専門業者（プラットフォーム事業者）が飲食店のメニューを集約して注文を取り次ぐサービス（マーケットプレイス型）や、注文の取り次ぎに加えて配達も代行するサービス（注文・配達代行型）が提供されている。特に、「Uber Eats」や「出前館」に代表される注文・配達代行型のフードデリバリーサービスを提供する業者の需要が拡大している。この注文・配達代行型には、「Uber Eats」のように個人事業者等が配達を行うものや「出前館」のように自社配達員が配達を行うものがある。さらにマーケットプレイス型、注文・配達代行型の両者とも取り扱うハイブリッド型のプラットフォーム事業者もある[6]。

　その仕組みは、注文者（消費者）が料理の配達を受けたい地域（郵便番号や住所等）を入力すると、当該地域への配達に対応する飲食店の一覧が提示されるとともにメニュー、最低注文金額、配達の目安時間、飲食店の評価点数、配送料等が表示されるようになっている。消費者が注文すると、注文情報が飲食店に伝達され、飲食店が調理、配達員を指定し、指定された配達員が飲食店に料理の受け取りに向かう。支払いはクレジットカード等によりプラットフォーム事業者で行う。配達を受けたときに配達員に支払うこともある。できあがった料理を配達員が飲食店でピックアップし、届け先に料理を配達する。また、配達員向けのアプリ等でナビゲーション機能が提供されることがある。注文者への料理の引渡しいわゆる置き配に対応している事業者もある。配達終了後、飲

4)　三菱 UFJ リサーチコンサルティング『フードデリバリー調査結果』2020 年 12 月 17 日、https:// www.caa.go.jp/policies/policy/consumer_policy/caution/internet/assets/caution_internet_201225_0001.pdf、7 頁、2021 年 4 月 18 日閲覧。

5)　エヌピーディー・ジャパン株式会社『外食・中食 調査レポート』（プレスリリース）、https:// www.npdjapan.com/cms/data/2021/02/5f23c4bc1e4f184d65a02fa08ca62460-2.pdf、2 頁、2021 年 4 月 18 日閲覧。

6)　三菱 UFJ リサーチコンサルティング、前掲サイト、4 頁、2021 年 4 月 18 日閲覧。

食店、配達員、注文者等の相互評価システムを導入している事業者もある。[7]

　このような、消費者側が誰しも「多くの料理やお弁当などの配達を一度にやってくれる仕組みがあったらいいな」と考えていたビジネスがネットを通じて行えるようになったことは、大変画期的でありニーズにあったビジネスであると考えられる。

2. アプリを使ったタクシー配車サービス

　ネットを活用したサービスは、様々な形で拡大しているが、その1つとしてアプリを使ったタクシー配車サービスがある。

　具体的には、スマホなどで専用のアプリをダウンロードし、アプリを使ってタクシーの配車手配や予約、決済まで行うサービスである。アプリの地図を使って乗車場所を指定し、内容を確認して乗車場所付近にいる空車タクシーを指定すると乗車場所までタクシーが配車される仕組みである。また、アプリを使ってタクシー予約も可能である。さらに、タクシー料金については、電子マネー、スマホ決済などを使用することで支払いが可能というサービスである。配車アプリとしては、DiDi（ディディ）、GO（ゴー）、S.RIDE（エスライド）、Uber（ウーバー）等があり、サービス地域が主要都市のみから全国まで幅広いサービスを展開しているものまであり、今後拡大していくものと考えられる。

　また、DiDi は、スマホ決済サービスを行う PayPay と連携し、PayPay アプリによって配車サービスやスマホ決済まで行っている。

3. ネットスーパー

　ネットスーパーとは、中村によると「生鮮品を含む食品や日用品など、スーパーマーケットで販売している品目をインターネットで注文を受け付け、配送する事業である。[8]」と規定している。

7）　同上、5頁、2021年4月18日閲覧。
8）　中村雅章「ネットスーパーの消費者利用行動と今後の事業運営に関する考察」『中京企業研究』第41号、2019年12月、34頁。

　ネットスーパーは文字通り、スーパーで販売している商品をネットを使って注文し、配達してもらうサービスであるが、西友が 2000 年に始めたのが日本で最初であると言われている[9]。その後、総合スーパーのイトーヨーカ堂やイオンなどが追随し、さらに他の流通業界にも広がっている。特に当初は、女性の社会進出や高齢化社会の到来により、時間や距離、移動手段の問題で実際の店舗での買い物が困難な人たちの需要が見込まれるともに、過疎化の進む集落などのいわゆる「買い物弱者」に対して貢献できるといった「コミュニティビジネス」や「ソーシャルビジネス」の観点からも注目されていた。

　しかし、実際にはそのような人たちの利用もあるが、主婦からの需要も多くあり、子供たちと画面を見ながら食材を選ぶ楽しさからネットスーパーが受け入れられている。

　また、ネットスーパーの店舗形態について、高橋によると、「店舗型（店舗からの配送）、無店舗型（物流センターからの配送）、ハイブリッド型（物流センター配送型を併用）、ポータル型（ネットショッピングモール形式で運営）が存在する。[10]」と指摘している。特に、店舗型と無店舗型に物流面において大きな違いがあるとしている。店舗型は、1 日当たりの受注可能件数が少なく、注文処理能力が低いため、在庫負担リスクは少ない。一方、無店舗型は、大量受注による規模の経済性が働きやすいが，需要の不確実性の対応を誤ると不良在庫リスクも大きくなる。そのため、ネットスーパーを店舗型で運営する場合、ネットスーパーを独立して行うよりも、店舗活動の補完として配送サービスを提供するオムニチャネル化とみられるとしている。また、ネットスーパーの確立には、その機能が消費者への認知・信頼の上に買物満足のつながる必要性を指摘している[11]。

　また、現在のようなコロナ禍においては、家にいながら、ネットスーパーで買いものをし、自宅に届けてくれるといったサービスは、拡大していくものと考えられる。

9)　同上、34 頁。
10)　高橋郁夫「イノベーターとしてのネットスーパー」『マーケティングジャーナル』第 36 巻 第 2 号、2016 年、6 頁。
11)　同上、6 頁。

4. e マーケットプレイス

　ネットを活用した e マーケットプレイスとは、ネット上における取引の場を提供することである。取引の場には、複数の売り手と買い手が参加し、登録した売り手が出品し、買い手がオンラインで発注して商品を購入するといった仕組みであり、決済までオンラインで可能となっている。

　e マーケットプレイスの形態には、企業間が行う業界ごとの BtoB の e マーケットプレイス、企業と消費者間の BtoC の e マーケットプレイス及び消費者間同士の CtoC による e マーケットプレイスがある。

　BtoB の e マーケットプレイスには、世界規模では Amazon Business（アマゾンビジネス）や Alibaba（アリババ）や ThomasNet（トーマスネット）などがあり、一般的な商材からある業界に特化した産業材なども扱っている。

　特に、Amazon Business は、複数ユーザーでの利用、特別な法人価格、便利な請求書払いなどが出来、法人企業が気軽に利用できる仕組みを構築している[12]。

　BtoC あるいは CtoC の e マーケットプレイスには、Amazon Marketplace やメルカリなどがある。Amazon Marketplace とは、個人や企業が所有している商品を出品し、個人や企業がそれを購入できるといった仕組みである。出品者は販売したい商品を「新品」「再生品」「中古商品」「コレクター商品」の 4 つのカテゴリーから選んで出品し[13]、大口出品の場合は月額 4,900 円 + 販売手数料、小口出品の場合は、商品 1 点販売するごとに 100 円 + 販売手数料がかかる仕組みになっている[14]。また、購入者は、注文から決済までネット上で完了し、所定の場所に配送も行ってもらえるといったサービスを提供している。

　また、メルカリは、フリマアプリの代表例であり、CtoC による個人間商取引の場所を提供しているが、金銭のやり取りや問題が発生することもあるため、

---

12) アマゾンビジネスホームページ、https://business.amazon.co.jp/ja/home、2021 年 5 月 17 日閲覧。
13) Amazon 商品カテゴリーの概要、https://sellercentral.amazon.co.jp/gp/help/external/200332540、2021 年 5 月 17 日閲覧。
14) Amazon 出品サービスの手数料、https://sellercentral.amazon.co.jp/gp/help/external/G200336920?language= ja_JP、2021 年 5 月 17 日閲覧。

運営事務局が仲介しているため、厳密には、CtoBtoC といった形態で運営されている。売り手側が商品を出品し、買い手側の必要に応じ値段交渉や質問に応じ、取引が成立したら通知が届き、必要に応じて買い手とやり取りを行い、商品を買い手に発送し、買い手が商品を受け取り、取引にかかわる評価がされれば、売り手も評価して取引が完了する仕組みである。また、買い手側は、出品されている商品から購入したい商品を選び、決済し、売り手側から商品を受け取り、売り手側に対して受け取り評価をし、相手も評価したら取引が完了することになる。スマホやパソコンでアプリを使用して簡単に欲しい物を消費者間同士で売買する仕組みが構築されており、気軽にショッピングが楽しめるよう工夫されている。

おわりに

　本章では、コロナ禍においても拡大を続けるネット市場の捉え方と現況、その形態と特徴を概観するとともに、コロナ禍におけるネット活用による新ビジネスとしてフードデリバリーサービス、アプリを使ったタクシー配車サービス、ネットスーパー、e マーケットプレイスの 4 つの事例を考察した。

　今後、さらなるネット市場の拡大が予想されるなかで課題も存在している。

　第 1 に、ネット市場の拡大は、ネット市場利用者の増大を意味しており、不正アクセスや個人情報の漏洩の問題が後を絶たない問題がある。具体的に、メルカリでは、2021 年 5 月 21 日に、利用している外部のコードカバレッジツール "Codecov" に対する第三者からの不正アクセスにより同社サービス利用者の銀行口座情報や問い合わせ情報など合計 27,889 件が流出したと報告している。このように身近で使用されているフリマアプリから登録している情報が容易に

15）メルカリ初心者ガイド、https://www.mercari.com/jp/guide/beginner/、2021 年 5 月 17 日閲覧。

16）テストのコード網羅率（プログラムのソースコードが自動テストされた割合）を計測するツールのこと。メルカリプレスリリース、https://about.mercari.com/press/news/articles/20210521_incident_report/、2021 年 5 月 24 日閲覧。

17）同上、2021 年 5 月 24 日閲覧。

流出してしまう現状について、早急な対策が必要であると感じる。しかし、個人情報の漏洩は、ネット社会で生きていく以上無くならないのも事実であるため、何重ものセキュリティ対策が必要不可欠であるといえる。

　第2に、ネット社会の拡大やデジタル社会の進展は、自動化された世の中を促進する一方において、そのような社会に取り残されたり、排除される人が出てくるという問題もある。そのためにも各自が情報リテラシー能力を高め、デジタルデバイド（情報格差）を無くす必要性もあると考える。

　上記2つの課題は、ネット社会を生きる私たちが克服しなければならない課題ではあるが、効率的で快適な社会の実現は、私たちが望む社会の姿であるため、私たちがネット社会の功罪を十分認識し、日々の生活のあり様を考えていく必要があろう。

第3章 高度に洗練されたマーケティング

はじめに

　実践されるマーケティング、厳密に表現するならば、実践されるマーケティング的活動は多様な企業や組織にみられるものである。繰り返せば、中小零細な製造企業、サービス企業、営利企業の範疇にはない非営利組織、例えば、病院や大学等もマーケティング的活動をおこない市場にアプローチしている。それらはマーケティング研究の成果を実践に適用するものであり、理論の実践への応用・適用であると認識される。[1]

　本章が対象とするマーケティングは直上にある「マーケティング的活動」ではなく、まさに「本来的且つ歴史的なマーケティング」を指す。それは寡占的製造企業による市場の獲得と支配に係わる有機的に結合された諸活動の総称として、マクロ的現象として捉えられる資本の運動に限定される。[2]

　タイトルにある「洗練された」という表現は相対的概念であり、それはマーケティングの登場以降の発展の過程として認識されるものである。今日のマーケティングの様相、それはマクロ的市場の様相をみるために、時系列的に分析する。マクロ的市場の様相は第4章と合わせて理解されるものであり、本章は

1)　マーケティング概念拡張論争以降、実務的性格が強い経営学の領域にあるマーケティング研究が積極的に実務現場において、活用されている。森下二次也「マーケティング概念拡張論の展開（一）」『大阪学院大学通信』第10巻 第3号、1979年。森下二次也「コトラーにおけるマーケティング概念拡張論の進展」『商経論叢』第5巻 第3号、1979年。P. Kotler & S. J. Levy, "Broadening the Concept of Marketing," *Journal of Marketing*, Vol.33 No.1, January 1969. D. J. Luck, "Broadening the Concept of Marketing. Too Far," *Journal of Marketing*, Vol.33 No.1, January 1969. P. Kotler & S. J. Levy, "A New Form of Marketing Myopia: Rejoinder to Professor Luck," *Journal of Marketing*, Vol.33 No.3, July 1969. P. Kotler, "A Generic Concept of Marketing," *Journal of Marketing*, Vol.36 No.2, April 1972.
2)　森下二次也『マーケティング論の体系と方法』千倉書房、1993年。

その市場の一側面を示すものに過ぎない。

第1節　マーケティング登場以前の様相

　マーケティング登場以前、産業革命以降の大量生産が始まり、交通網の発達に伴い商品流通に広がりがみられた時代の市場の様相からみていこう。大量生産が可能であっても、その商品を流通させるための物的な移動がなければ消費者は商品を購入出来ない。繰り返せば、価値の形成は価値の実現のための空間的移動を必須とする。この事実は商品の生産過程が生産的労働であるのと同様に、空間的移動を担う運輸の活動も生産的労働と位置付けられる根拠である。[3]

　交通手段となる鉄道や道路交通網の発達に伴い、特定の個別産業資本は加速的に増大する。大量生産は商品の均質化を促進するだけでなく、原材料の大量仕入れを背景とする納入業者に対する価格交渉力を強め、値引きの要請が容易となる。それだけでなく、大量生産は学習効果を高めることになり、高品質な商品を生産するためのシステムや機材・設備の改良を力強く推し量る。等価交換が成立する自由競争市場は大量生産を実現する企業に絶対的優位性を与える。低価格であるにも係わらず、相対的に高品質な商品の生産が可能となるからである。

　商品が市場全体に滞留しない、飽和状態に到達する以前にあって、経済合理性に従った消費者の購買行動は必然的にそのような商品に購買対象が絞られる。経済学の根底にある生産活動が社会経済を豊かにするという環境・条件がここには存在する。

　交通網が発達する以前、各地に点在する中小零細製造企業は各社の能力の範囲内における商品生産と販売をおこなっていた。ところが物的流通に係わる環境整備に伴い、その状況が大きく変化し、絶対的優位性を獲得する資本規模の大きな製造企業によって、中小零細製造企業は駆逐される。資本規模が競争力

3)　森下二次也『商業経済論』三笠書房、1950年、58–63頁。

に直結するこの時代にあって、大量生産それ自体が競争力の源泉となり、それは利潤極大化に向けて、資本の集積と集中が加速度的になされる。当時の資本は現代社会を代表する株式形態にみられる社会性が成立せず、個人資本家の手中に集められる[4]。

　付則的記述として、消費者の購買対象商品に関して、資本主義社会成立以前、各地に点在する資本を形成しない製造業者が生産した商品は全国規模で捉えたならば、マクロ的市場には多様な商品選択肢が存在するとも理解される。しかし、そのような商品は先述したように、生産的労働に位置付けられる運輸の活動が未発達・未成熟であったため、各業者にとっての市場規模は非常に狭く、消費者にとっての購買対象商品は全国市場に存在する豊富な商品アイテム数に関係なく、少なかった。実質的市場の範囲が狭かったのである。大量生産された商品はそのような小さな市場にある製造業者を一気に叩きつぶしたのである。

第 2 節　製品差別化戦略

　多くの中小零細企業を駆逐し、大量生産体制を採用出来る巨大企業は寡占的市場を形成する。寡占的製造企業は利益の拡大を図るため、更なる市場の拡大を図ろうとするものの、自由競争段階のような市場の拡大には限界が生じる。大量生産による規模の経済や学習効果による商品そのものの優位性が確保されたものの、それはあくまでも中小零細製造業者に対するものであって、寡占的企業間での優位性とはならない。生産技術そのものの飛躍的革新はまだ到来しておらず、寡占的製造企業間の競争は拮抗していたのである。

　寡占的製造企業は自社商品が消費者に選好されることを望む。そのための戦略が製品差別化戦略である。製品差別化戦略は自社商品を競合商品と差別化するための戦略であり、その目的の達成手段が商品そのものによる差別化ではな

---

4)　森下二次也『現代商業経済論 改訂版』有斐閣、1977 年、183–188 頁。

い点にある。商品そのものの差別化は困難な時代にあっただけでなく、それに係わる費用が膨大になる。利潤の極大化を目論む寡占的製造企業にとって、費用負担を少なく、利益を多く獲得する方策の選択は当然である。各企業は自社商品が競合する商品とは差別化されているように消費者に思わせることに焦点をあてる。

特に、商品そのものではなく、商品に付随する要素での差別化が強化される。最も代表的な活動はブランドである商標を付与し、全国に向けての力強い広告宣伝をおこなうものである。有名な人物を起用し、自社商品が優れているというイメージを醸成する。その活動が購買に直接結び付くとは限らないが、消費者は購買意思決定をする際、複数の購買候補が存在する時、イメージを基準に選択するようになる。それは最寄品に対する効果が大きく、購買経験の増加によって、指名購買を促進させることになる。[5]

A. W. Shaw は以下のように説明する。差別化の手段は複数ある。例えば、若干の修正による用途の拡大、付属品や備品の追加、包装の改善、商品に対する良好な雰囲気の醸成等である。そのような選択肢が存在しているものの、本来的には全く同一の商品を従来とは異なった商品であるかのように消費者に認識させることが効果的である。その手段として、商標、トレードネームを商品に付与する。消費者が他社商品を購入する以前に、主観的交換比率における意識操作を図ることによって、従来商品よりも高い価格を積極的に支払う余地のある消費者にアプローチする。例えば、それは市場の一般的価格が 3 ドルの商標が付与されていない一般的な帽子に対して、3 ドル以上を好んで支払おうとする消費者を創り出す。商標等の付与によって、裕福な消費者は本来的には何も違いのない商品を積極的に購買するようになる。そのような購買の最も大きな要因のひとつは社会的競争の動機である。消費者は商品の使用だけでなく、自分よりも裕福ではない隣人に対する所有の事実を示すことによって、満足する

---

5) 岩永忠康「商標品の品質保証機能をめぐる諸見解について」『福岡大学大学院論集』第 10 巻 第 1 号、1978 年。岩永忠康「製品差別化におけるブランド−マーケティングにおけるブランドの役割−」『熊本短大論集』第 31 巻 第 3 号、1981 年。拙稿「マーケティングにおけるブランドの役割−岩永忠康先生の見解を基礎として−」『佐賀大学経済論集』第 45 巻 第 1 号、2012 年。

こともあるからである[6]。

　このような消費者の心理的状態は人間が本来的に備えた性質であり、T. Veblen が提唱した衒示的消費が詳細にそれを説明する[7]。そのような状態を加速させる企業行動は J. K. Galbraith が主張する依存効果として現れる[8]。

　製品差別化戦略は消費者の精神的側面への積極的なアプローチ手段である。消費者の意識を操作して商品を購買させるマーケティングは高圧的マーケティングと呼ばれる。それは生産した商品を強引に販売するマーケティングの姿勢であり、それは販売志向とも呼ばれる。

　但し、販売志向はマーケティング登場以前からみられた大量生産を土台とするものであり、大量生産大量販売は生産志向と呼ばれるものであり、先述したように、消費者にとって、価格が安く相対的に高品質な商品を提供するという点において、多くの消費者のニーズを満たしているという事実を忘れてはならない。大量生産の結果として、市場に滞留した大量の商品在庫に直面した管理者がそれを解消しようとしたことに製品差別化戦略登場の必然性がある。適切な生産量を維持すればそのようなことは起こり得なかった。

　自由競争段階において、流通過程に対する管理は基本的になされない。その理由は等価交換がなされた時代にあって、流通過程への商品の販売はその時点において、価値の実現を実質的に意味していたからであり、流通業者に特別な制限を課す必要がなかったからである。流通過程への管理はそれ相応の費用を伴うものであり、その有用性がこの段階ではみられなかったからである。需要が供給を上回っていたからとも理解される。

　ところが、市場が寡占化し、流通過程からの商品の注文が減り、経営管理者は市場に商品が滞留していることを次第に感じ取る。全国至る所に滞留した商品は膨大である。生産の即時的停止は利潤の極大化を目論む資本家にとって苦

---

6)　A. W. Shaw, "Some Problems in Market Distribution," *Quarterly Journal of Economics*, Vol.26, 1912.

7)　T. Veblen, *The Theory of Leisure Class: An Economic Study in the Evolution of Institutions*, New York, 1899.（小原敬士訳『有閑階級の理論』岩波文庫、1961 年）。

8)　J. K. Galbraith, *The Affluent Society*, Boston: Houghton Mifflin, 1958.（鈴木哲太郎訳『ゆたかな社会』岩波書店、1960 年）。

渋の決断となるだけでなく、生産を停止したとしても、様々な費用の発生が止まらない。その時点で滞留した商品とその先当面の間生産する商品の価値実現を図らなくてはならなくなったのである。そのような状況を製品差別化戦略によって解決するマーケティングは高度な消費者への意識の操作性がみられるのは当然である。

第3節　市場細分化戦略

　製品差別化戦略は少ない商品アイテム数を市場に大量導入する戦略であり、いずれは市場が飽和状態に到達する。すなわち、生産した商品が工場から出荷出来ない状況に追い込まれる。経営管理者はそのような限界点に到達する以前にこの課題を解決しようとする。

　管理者にとって幸運なことに、技術革新の時代に突入し、商品そのものに特徴を持たせることが容易となる環境が整ってきた。市場を単一と認識するのではなく、小さな市場の集合体であるという認識の下、細分化されたひとつひとつの市場に向けて、それは消費者のニーズにより適合した形での商品を市場に導入するようになった。

　製品差別化戦略から市場細分化戦略への移行を高圧的マーケティングから低圧的マーケティングへの移行と捉える研究者の強い主張がみられるようになった。過去にみられた生産者の論理ではなく、消費者中心の姿勢である「消費者志向」の台頭とみる見解と一致した。それ以降用語「消費者志向」は「顧客志向」「消費者起点の」「消費者中心の」という表現でなされるようになった。

　確かに、消費者ニーズにより接近する姿勢は消費者志向とも理解される。又、実際、消費者にその行動が歓迎されるという側面は見逃せない。しかし、それは結果に過ぎない。消費者志向は目的ではなく、手段であり、マーケティングを好意的に受け止める主張は目的と手段を取り違えている。

　なぜ市場細分化戦略へ移行しなくてはならなかったのか。その理由を分析することが必要だったのである。製品差別化戦略を継続し、生産量を減らすとい

う選択肢もあったはずである。しかし、その選択はなされなかった。それが出来なかった理由は利潤の拡大を目論むという目的にそぐわないためである。我が国にあって、市場シェアの獲得は最重要だとされている。ブランド力は消費者がその商品を認知する機会に比例するとすれば、市場シェアの占める割合がブランド力と同値にあると考えられるからである。

　細分化された市場ではあっても、それは寡占的企業にとっての細分市場であり、その絶対的な広がりは大きい。そのような市場に商品を適切に導入するためには膨大な市場調査費用が必要となる。消費者ニーズに適合した商品は短期間で市場全体に行き渡るかもしれないが、寡占的製造企業は細分化された市場だけに満足出来るはずもなく、全体的市場への拡大を図るため、製品差別化戦略当時と比較して、新商品を次々と市場に導入しなくてはならない。そのための製品開発費用も増加する。短期間で次々と新商品を市場に導入するために、又、既存商品を市場で売り尽くすために、流通過程に係わる費用はますます増加する。広告費用の増加は顕著である。既存商品は新商品の導入によって、価格が引き下げられるため、利益率が低下する。その利益率低下分を新商品の価格に転嫁出来れば問題は生じない。しかし、それは困難である。

　直上にみられるマイナス要因を解決するため、少なくとも資本の回転率は高められなくてはならない。そのための方策が必要不可欠となり、市場細分化戦略は製品陳腐化戦略を併用せざるを得ない。製品差別化戦略と市場細分化戦略は市場を分割する程度を表す尺度上にある戦略とも考えられる。

　製品差別化戦略から市場細分化戦略への移行は価値物である商品を中心に捉えれば、ある商品を差別化されたように消費者の意識操作を図る戦略から、ある商品を短期間で市場の末端まで行き渡らせ、更なる商品と入れ替えさせることに経営管理者の関心が移ったとも理解される。そのことからすれば、製品差別化戦略から製品陳腐化戦略へ移行したと理解する方が妥当なのかもしれない。そこにあって、市場細分化戦略は製品陳腐化戦略の部分を構成することに

なる。⁹⁾

　製品陳腐化戦略には機能的陳腐化、心理的陳腐化、材料的陳腐化のようなものがある。本来、使用する商品が存在しない、次の商品購入までの時間的な経過において、特段の問題がなければ、消費者は商品の使用価値を全て消費した後に次の商品を購入すれば良い。しかし、そのような状況に満足出来るはずはなく、使用価値が十分に残された状態において、消費者に次の商品を購入させることに管理者の関心が集中する。製品陳腐化戦略が成功裏におこなわれる結果、市場細分化戦略は実質的な市場への商品導入活動として機能するのである。

　筆者の見解にあって、細分化された商品は特定の消費者ニーズに適合したものではあるが、例えば、全体市場を 10 として、対象となる市場が 3 であったとしても、新商品であること、それ自体の魅力から、又、旧商品に対する相対的な効用の増加により、3 以上の市場に受け入れられる可能性は十分にある。繰り返せば、市場を単純に分割するというものではなく、特定の消費者ニーズに適合させるということは商品の特徴・個性を強めるということであり、それこそが本来的な目的であると考えられる。簡潔に述べれば、市場細分化戦略は市場競争力を商品そのもので強化するため、製品開発における方向性・姿勢が市場を細分化した形で具体化されたものと捉えられる。再度繰り返せば、特定のニーズに焦点を合わせて実質的な差別化を図った商品は直接的なターゲットとなる消費者だけでなく、従来の商品を選好していた消費者により個性的な魅力ある商品として、広く受け入れられると理解される。それを根拠付けるひとつの事例として、食品関連企業にあって、次々と市場に導入される新商品は従来商品に棚を取って代わることなく、共に陳列されていることがある。それは商品の品揃えを豊富にしているとも理解される。¹⁰⁾

9)　保田芳昭「市場細分化論についての一考察」『商学論集』第 11 巻 第 3 号、1966 年。保田芳昭「『消費者中心志向』についての批判的考察」『商学論集』第 14 巻 第 3 号、1969 年。

10)　拙稿「理論の実践的応用 3－製品差別化戦略と市場細分化戦略の基本的理解とベンチャー－」『追手門学院大学ベンチャービジネスレビュー』創刊号、2008 年。齋藤典晃・松井温文「成熟市場の製品戦略」齋藤典晃・松井温文編『最新マーケティング』五絃舎、2015 年。拙稿「製品戦略の歴史」松井温文編著『マーケティングの理論・新展開』五絃舎、2019 年。

製品差別化戦略よりも、市場細分化戦略又はそれを包含する製品陳腐化戦略は洗練度が高いと言えよう。

第4節　社会性を強調するマーケティング

　市場細分化戦略まではマーケティングが技術革新や消費者の行動を受け、寡占的製造企業が必然的におこなってきた活動である。言い換えれば、そこではマーケティングの歴史が記述され、分析されたことになる。それに対して、本節や次節の内容はマーケティングの研究成果をコンサルタント活動として、研究者が実践に還元するために描かれたものであり、超歴史的であり、規範的でもある。特に、Kotler を中心とするマーケティング研究者は研究者であると同時にコンサルタントでもあり、理論と実践の境界線がなくなる。

　消費者運動やコンシューマリズムのようなマーケティングに対する消費者の疑いの目がますます強くなり、マーケティング研究者は実践現場に対して、社会性の補強を強調するようになる。[11] 又、企業内の組織やシステムの構築が経営成果を左右した時代から、マーケティング戦略に合わせてそれらを変更する時代へと移行する。それだけ実践の現場におけるマーケティングの重要性は高まったのである。

　環境問題も深刻化する時代になり、環境への配慮をしながらマーケティングをおこなう必要性も強調される。

　マーケティング活動の方向性を社会的側面から規範的に記述する研究成果だけでなく、消費者との関係性に着目する研究もなされるようになる。リレーションシップ・マーケティングの登場である。[12] 従来のマーケティングは価値の実現が直近の目的であった。しかし、そのような姿勢では商品毎に消費者へのアプローチを繰り返しおこなわなくてはならなかった。それだけでなく、消費者の

11) W. Lazer & E. J. Kelly, ed., *Social Marketing: Perspectives and Viewpoints*, Richard D. Irwin, 1973.

12) E. Gummesson, *Total Relationship marketing: Marketing Management, Relationship Strategy and the Network Economy*, second edition, Butterworth-Heinemann, 2002.（若林靖永・太田真治他訳『リレーションシップ・マーケティング－ビジネスの発想を変える 30 の関係性－』中央経済社、2007 年）。

疑いの目はますます強まったため、アプローチを常に高度なものに発展させな
くてはならなかった。そのような活動は直接的にマーケティング費用を増加さ
せる。成熟市場の更なる開拓に対して、それでは十分な効果が得られないこと
を管理者は悟り始め、消費者へのアプローチの姿勢を根本的に変えようとする
動きへと進むことになる。指名購買は特定ブランドを消費者に印象付けること
によって促進された。それに対して、消費者を顧客に育成するようにマーケティ
ングが活用されること、それはマーケティングの消費者に対する操作性を低下
させること、極端な表現をすれば、マーケティングそのものに極端に頼らない
ことを強調するものへと変質する動きもみられる。

　マーケティングの積極的使用が社会性に反するという基本的な関係があると
するならば、しかし、実践現場におけるマーケティングの重要性が高まるとい
う矛盾からすれば、マーケティングの本性における変革が求められるものであ
り、市場細分化戦略よりも、より洗練された内容になるものと考えられる。

第5節　更なるアプローチの登場[13]

　価値の実現に向けて、価値的側面ではなく、製品差別化戦略にみられる商標
のような商品に付随するブランドを核として、使用価値的側面から消費者に購
買を促進させようとする従来のマーケティングに更なる変化がみられるように
なった。価値の実現が企業の直近の目的であったものが、まさに消費者の商品
の使用段階へと関心が深化した。

　それだけでなく、経済学的には「財とサービス」それは物財とサービス財を
分けることなく、それらを統一体として認識する立場が登場した。実践現場に
あって、両者は明確に区別されていない現実があり、感情的には理解出来るも
のである。しかし、マーケティングの理論における根本的な問題はサービス財

---

13) S. L. Vargo & R. F. Lusch, "The Four Service Marketing Myths: Remnants of a Goods-Based,
Manufacturing Model," *Journal of Service Research*, Vol.6 No.1, 2004. B. H. Schmitt, Experiential
Marketing, Free Press, 1999.（嶋村和恵・広瀬盛一訳『経験価値マーケティング』ダイヤモンド社、
2000 年）。

と販売促進活動に過ぎないサービス、所謂、流通労働を混同していることにある。人的活動たるサービス財とサービスは表面的には区別が困難なものであり、論理的にその峻別がなされる性格のものであると筆者は考える。その努力を怠ってはならない。

　紙幅の関係から若干ではあるが、後者に関する分析をしておこう。物財は生産に係わる機械設備を有する製造企業の工場内で生産される。工場労働者の活動は物財に対象化されていく。それに対して、サービス財はサービス企業によって提供されるものであり、特に、サービス・マーケティングが対象とする狭義のサービス財は接客従業員が消費者に対して直接対面によって生産される財である。小売における消費者との接点において、提供される接客サービスは物財の価値実現のための活動に過ぎない。それに対して、サービス財は物財と同様に価値物そのものであり、価値の形成による成果物である。前者は販売促進活動、後者は商品と同様にサービス商品という位置付けが与えられる。費用と収益、会計学上も異なる性質の活動を区別することなく、議論することとなる。

おわりに

　マーケティングは資本の論理に従い利益極大化を目指す企業自身が生み出した市場問題を強引に解決するために登場した。自ら生み出した矛盾を完全に解決することが出来れば、マーケティングの発展段階は終焉する又は完成することになるのかもしれない。しかし、矛盾の解決は更なる矛盾を生じさせ、そのための新たな解決策が求められる。結果として、次々と投入されるマーケティングは必然的に洗練されたものとなる。

　洗練されたマーケティングが消費者にとってますます魅力のある商品を生み出すものではあるが、その背景には巨大製造企業が自ら生み出した矛盾を解決するための手段であるということを我々消費者は忘れてはならない。

第4章 マーケティング力の低下

はじめに

第3章と同じく、マーケティングは寡占的製造企業がおこなう全国的市場に向けての力強い諸活動の総称である。今日、マーケティングは高度に洗練されたものとなり、ますます我々消費者への訴求力を高めようとする。そのような側面はあるものの、もうひとつの側面として、マーケティング力は低下するという事実もある。自己矛盾を解決するためのマーケティングはますます深刻な矛盾を引き起こしているのである。

タイトルにある「マーケティング力の低下」は相対的な尺度上の概念であり、読み替えれば、「寡占的製造企業以外の製造企業の市場競争力の増強」や「大手小売企業の主体的商品流通の増強」がその要因となる。そのような視点から、紙幅の関係から、ざっぱくな分析を試みるものであり、詳細なデータの提示は今後の課題としたい。

マーケティング力が低下する現象を分析する際、本章では取り上げない要因は消費者の学習レベルが高まったことである。消費者への訴求力の増強は消費者への巧みな意識操作の強化と同値である。そのような活動を日常的に経験する消費者は商品に関する学習能力を自然に高めることとなる。「良い商品」を購入する能力が高くなることをそれは意味する。但し、「良い」という尺度は単純な構造にはなく、多様な尺度が消費者の観念の中に備えられているだけでなく、その尺度自体もその時々の状況に合わせて他の尺度に取って代わられるという性格のものである。

例えば、マーケティングの性格を表すとされる「販売志向」と「消費者志向」

は製品差別化戦略から市場細分化戦略への歴史的転換を受け、繰り返せば、高圧的マーケティングから低圧的マーケティングへの移行とも表現され、それぞれの段階にあるマーケティングの性格を規定したものである。この議論も紙幅の関係から結論だけを述べるに止めるが、対立的概念であるかのように認識されるものの、販売志向はそれ以前にある生産志向を土台とするものであり、大量生産を基礎として、生産志向、販売志向、消費者志向は形成されている。大量生産システムは低価格であるにも係わらず相対的に高品質な商品を生産するための原理である。又同時に、消費者にとっての経済合理性を満たすものである。

製品差別化戦略から市場細分化戦略への移行は市場の分割の程度を示すものであり、それが結果として、個別的特殊的消費者ニーズを確実に満たすことになる。特定商品を大量に生産すること、消費者ニーズにより接近した細分化市場に向けた生産をすることは異なる軸にあるマーケティング行動であるが、両者は共に消費者が良いと受け止める商品を市場に導入するシステムである。消費者の商品に対する学習レベルを検討する場合、良い商品に関するこのふたつの方向性だけであっても、議論を複雑化させるものであるため、議論を割愛した。

繰り返すが、本章は寡占的製造企業におけるマーケティング力の相対的低下を明らかにするものである。

第1節　今日的市場の性格による影響

デフレーション経済下にある我が国にあって、多くの消費者は経済合理性に従って、低価格で相対的に高品質な商品を購入する傾向が強まる。それは必然的に低価格競争を激化させる。物流からロジスティクスへ、更に、サプライチェーン・マネジメントへの発展はその間接的な表れのひとつである。それ以外の方策として、低価格競争における優位性を確保するため、生産コストを引き下げるため、生産拠点を人件費が安価な海外に移転するようになる。それは

国内労働市場の縮小に直接影響を及ぼす。又、海外の製造企業が生産した商品が国内に流入する傾向も強まる。そのような商品は低価格であり、品質も劣るものではあっても、一応使用には耐えられるものであり、所得が低下する消費者の可処分所得を維持するために、積極的に購買されている。それは我が国の製造企業の生産に直接的な影響を及ぼすものであり、財務的ひっぱくの結果、労働市場を圧迫する。我が国の特徴として、雇用の安定を労働者側は強く求め、名目賃金の引き下げを受け入れる風土がある。これはますます可処分所得を低下させるものであり、結果として、海外から輸入された商品を購入する土壌を醸成する。まさに、負のスパイラルに巻き込まれ、生産問題・市場問題を加速度的に深刻化させる。[1]

　寡占的製造企業は特に自由競争段階にある時代、生産に関する優位性が商品そのものに直結していた。今日的市場においても、この絶対的優位性は低下するものの、国内中小製造企業に対する相対的優位性は依然として継続する。それ故、中小製造企業の倒産はますます増加する。特に、誠実に商品を生産する生産効率に偏重しない製造企業は危機的状態が常となる。老舗の倒産や閉店に関する報道は頻繁である。

　国内市場における相対的優位性は確保されるものの、賃金が安価な諸外国から流入する商品への対抗策が困難となる。繰り返せば、国内市場では価格と品質面での競争となるが、海外商品に対して、国内商品は価格面において、劣る。従来、消費者の選択基準は価格と品質であったものが、価格が中心をなす傾向が強まるからである。壊れやすい品質が劣る商品ではあっても、使用価値において低いものであろうとも、使用に耐えうるという事実があれば、それを了解する消費者が増加し続けるからである。

　ナショナル・ブランド商品は市場占有率も高く、当然に広く認知されたものである。もし外国商品に対抗するため、価格と品質を低下させることがあれば、

1)　白川方明『現代の金融政策－理論と実際－』日本経済新聞社、2008 年。吉川洋『デフレーション』日本経済新聞出版社、2013 年。拙稿「今日的消費者行動の構造的分析」『追手門経営論集』第 21巻 第 2 号、2015 年。拙稿「我が国における今日的消費者志向と労働の強化」『追手門経営論集』第 22 巻 第 2 号、2016 年。

ブランド力が低下することになる。逆に、利益率を高めるため、品質と価格を高く設定することは消費者の一般的認識を変更させる必要があり、消費者への意識操作を図るため、マーケティング力を強化するための追加的投資が必要となるものの、その捻出にゆとりがない状態にある。

第2節　増強する大手小売企業

　大手製造企業が生産する商品は全国的な知名度が高いという意味にあって、ナショナル・ブランド商品と呼ばれる。それに対して、本来、大手小売企業が大手製造企業に対抗するため、自社企画、大手製造企業以外の製造企業に生産委託させた商品はプライベート・ブランド商品と呼ばれる。本来的に対立的関係にある両商品は我が国において、その性格が鮮明に現れず、単に、大手小売企業が自社ブランドを付与した商品がプライベート・ブランド商品と呼ばれている。

　大手小売企業が取り扱う商品をタイプ分けして考察する。最初、プライベート・ブランド商品の中心をなすナショナル・ブランド商品を生産する大手製造企業への生産委託である。以下、会計情報に関する証拠を筆者が確認するものではないため、あくまでも論理的考察に止まることをここに明記する。アメリカにみられるような対抗関係にはない、我が国独自のプライベート・ブランド商品は大手製造企業にとって、自社以外のブランドを付与した商品を生産すること、それ自体はマーケティング力の低下と理解出来る。大手小売企業は商品の生産に関する交渉力を強化している事実があるからである。しかし、その事実を持って、大手製造企業が収益の低下を強いられているのかは全く分からない。大手小売企業は過去と比較して、確かに、大手製造企業から直接商品を購買するケースが増加しており、仕入れ価格を引き下げていることは明白である。バイイング・パワーの増強による恩恵である。そうではあっても、大手製造企業はそれが収益面でのマイナスを生じさせるのかどうかは全く分からない。小売企業に販売する価格は従来よりも下がるという事実があっても、それ相応の

販売量を確保するものであり、小売企業が流通過程における最終的機関ではあっても、従来取引関係のあった卸売企業への販売と比較して、マイナスになったのかどうかは分からない。繰り返せば、大手製造企業にとって、販売先が卸売企業であるのか小売企業であるのかは販売量がある一定以上であるならば関係はないと考えられるからである。[2]

　プライベート・ブランド商品の生産は大手製造企業と大手小売企業との協力関係の強化の表れであるとみるのが妥当なのではないか。それは卸売企業の直接的な排除を意味する。

　大手小売企業がその販売力を土台として、中小製造企業に生産委託したプライベート・ブランド商品がある。そのような商品は販売量が一定程度確保されるものであり、直接的に寡占的製造企業の市場を奪うことになる。これはまさにマーケティング力の低下を招いていると理解される。

　プライベート・ブランド商品ではなく、中小零細製造企業が生産した商品を大手小売企業が販売することがある。老舗や地元の有名店等は従来生産量が少なく、流通コストが割高になるため、広く認知されるに至っていない場合がある。全国規模での店舗展開をする大手小売企業は販路が十分に確保出来ていない魅力ある商品を探し出し、自社の流通過程を活用して、広範囲にその商品を取り扱うことがある。食品関連に多くみられるものであり、中小零細な製造業者にとって、大手小売企業は非常に有り難い存在となる。又、そのような商品の市場での広がりは寡占的製造企業にとって、個別的には量的に少ないものではあっても、多くの製造業者の商品の流通はマーケティング力の低下を招く危険性がある。[3]

---

2)　水野清文『PB 商品戦略の変遷と展望』晃洋書房、2016 年。水野清文「リテール・マーケティング」松井温文編『マーケティングの理論・新展開』五絃舎、2019 年。河田賢一「総合スーパー」松井温文編『現代商業経営序説』五絃舎、2020 年。末田智樹「百貨店」松井温文編『現代商業経営序説』五絃舎、2020 年。

3)　大手小売企業の関与により、生産量が急速に伸びる零細製造業者は確かにメリットが大きい。しかし、急速な増産がその業者内部における能力の限界を超えてなされる場合、広く流通が可能となった主力商品以外の商品に問題を生じさせる可能性がある。筆者の経験にあって、ある属性の地域特産商品において、広く認知された店舗のそれは本当の味を理解する地元消費者からは受け入れられていない。それに対して、そのような知名度は確保出来ていない老舗店舗の商品は品質が非常

第3節　変貌する競合企業の性質

　マーケティングからマネジリアル・マーケティングへの転換にみられる飛躍的な技術革新はそれ以降加速度的に推進される。技術革新は戦争に関する技術が応用されるという側面もあり、単純に喜べないものではあるが、我々の生活を便利にしていることは事実である。

　マーケティング登場以前にみられた内容とは大きく異なり、近年の技術革新は資本規模の大きな企業だけに恩恵を与えるものではない。技術水準が非常に高度になる領域にあって、巨大資本であっても解決が困難な問題が頻出するようになった。それは高度な専門性に加えて、独創性が求められるようになったことがそのひとつの要因である。その能力は経営者個人や特定の社員に独自的に生まれたものもあり、言い換えれば、そこでの知の創造は模倣が非常に困難なものがある。

　以下にそのような会社を紹介する。ただし、後述する内容に直接関係しない会社もその特殊性・独自性ゆえに紹介したことを明記する。各社の素晴らしい能力を確認されたい。

　東大阪市にあるハードロック工業株式会社は1974年設立、従業員90人ではあるが、絶対に緩まないネジ「緩み止めナット」を製造する。高速で大きな負荷がかかり、震動が激しい新幹線や航空機には欠かせない世界的な部品となっている。[4)]

　新潟県燕市にある株式会社武田金型製作所は1978年創業、従業員18名の会社である。「マジックメタル」は3/1000ミリ単位しか隙間がない、「文字部分」と「枠部分」の金属を別々に加工する。金属同士が重なると文字が消えたよう

に優れているため、地元では高く評価され、それを知る消費者も確保出来ていた。筆者もその一人であった。ところが、コンビニエンス・ストアでその老舗店舗の別商品が広く販売されるようになり、その結果、その店舗を代表する商品の品質が低下してしまった。筆者は近くを通過する際には必ず立ち寄っていた顔なじみの店舗であったが、それ以降二度と行くことはなくなった。
4)　ハードロック工業株式会社ホームページ、https://hardlock.co.jp、2021年6月8日閲覧。

に見える、高度な金型成型技術の好事例である。[5]

　名古屋市名東区にあるシンポ株式会社は 1971 年設立、従業員 109 名、無煙ロースターの開発・製造・販売で世界シェア第一位である。[6]

　石川県七尾市にある天池合繊株式会社は 1956 年創業、従業員 30 名である。「天女の羽衣」は世界のトップメゾンが採用する極薄オーガンジーであり、50 番手以上の細糸を使った平織り物に硫酸仕上げ加工を施した生地である。硫酸仕上げにより独特の透け感が生まれ、薄地ながらハリとコシのある生地に仕上げる製造技術が保有されている。[7]

　東京都大田区にある株式会社奈良機械製作所は 1924 年創業、従業員 160 名である。1925 年に国産初の「高速回転衝撃式粉砕機」を開発した老舗メーカーである。[8]

　和歌山市にあるカネキチ工業株式会社は 1920 年創業、従業員 10 名の現存する国内唯一の吊り編み機を稼働させる老舗メリヤスメーカーである。アパレルブランド「ループウィラー」[9] 等に素材を提供している。[10]

　東京都墨田区にある 1966 年設立、従業員 3 名の根岸産業有限会社は世界中から注文が殺到する超高級銅製竿長如雨露製造業者である。[11]

　大阪市にある 1948 年創業、従業員 40 名の株式会社エンジニアはネジ山が潰れたネジや錆びて固着したネジを外せる特殊形状のペンチ、ネジザウルスを製造する。[12]

　大阪市にある株式会社岩崎は 1932 年創業、従業員 330 名、食品サンプルシェア第一位の企業である。[13]

5)　株式会社武田金型製作所ホームページ、https://www.tkd.co.jp、2021 年 6 月 8 日閲覧。
6)　シンポ株式会社ホームページ、2021 年 6 月 8 日閲覧。
7)　天池合繊株式会社ホームページ、http://amaike.jp、2021 年 6 月 8 日閲覧。
8)　株式会社奈良機械製作所ホームページ、https://www.nara-m.co.jp/、2021 年 6 月 8 日閲覧。
9)　LOOPWHEELER（ループウィラー）ホームページ、http://www.loopwheeler.co.jp、2021 年 6 月 8 日閲覧。
10)　カネキチ工業株式会社ホームページ、http://kanekichi-turi.com、2021 年 6 月 8 日閲覧。
11)　根岸産業有限会社ホームページ、http://www.negishi-joro.co.jp、2021 年 6 月 8 日閲覧。
12)　株式会社エンジニアホームページ、https://www.nejisaurus.engineer.jp/、2021 年 6 月 8 日閲覧。
13)　株式会社岩崎ホームページ、https://www.ganso-sample.com/、2021 年 6 月 8 日閲覧。

　広島県安芸郡にある 1952 年創業の株式会社竹宝堂は熊野筆の製造会社であり、世界中から最高級品として評価され、その品質の高さから世界の一流ブランド、メイクアップアーティストからオリジナル化粧筆を受注している。[14]

　三重県桑名市にある 1960 年創業の錦見鋳造株式会社の製造する「魔法のフライパン」は常識を打ち破る薄さの鋳鉄製フライパンであり、一般的なフライパンと比較して 1 ～ 3 割軽量である。製造過程で混入する炭素により遠赤外線効果も期待でき、食材の芯まで加熱し料理が美味くなる。[15]

　直上で紹介した会社は規模が非常に小さなもの、創業期間も決して長くないものもある。資本の論理が強く影響する資本主義経済にあって、それらの会社は市場での絶対的優位性を獲得するものであり、経営的な安定性も高いと思われる。

　本節での競争の考察は通常想定される同質市場における競争関係、同質な商品間の競争ではなく、巨大な資本を投資することによって、論理的には技術革新の様々な領域での市場を独占的に獲得することも可能であった寡占的製造企業はその資本規模を持ってしても、先述したような特殊性・独創性を有する市場を占有することは出来なかった。最終的な商品の市場占有率が高かろうとも、商品の細部を分析すれば、寡占的製造企業が直接的に占有する部分は縮小している可能性がある。特に、最終的な商品の独自性の中核的要素における寡占的製造企業の占有率は低下している可能性がある。

　例えば、製薬業界にあって、完全な自社内での研究開発による新薬の市場への導入は資本規模が巨大であったとしても、今日非常に難しくなっているという現状がある。精密器機に関しても同様な状況にある。

14）株式会社竹宝堂ホームページ、https://www.chikuhodo.com、2021 年 6 月 8 日閲覧。
15）錦見鋳造株式会社ホームページ、https://www.nisikimi.co.jp/、2021 年 6 月 8 日閲覧。

おわりに

　マーケティング力の低下は寡占的製造企業以外の主体が市場に商品を導入する割合が高まったこと、我々消費者にとっての商品選択肢が豊富に存在することを意味する。第 3 章で述べた高度に洗練されたマーケティングは経済学の基本的原理に従い、物質的にますます豊かな社会を形成したことになる。

　しかし、物質的な豊かさが我々消費者の精神的な豊かさを高めるのかと問われたならば、回答は簡単ではない。この点に関して、経済学ではサービス財の消費の高まりが精神的な豊かさを測るひとつの尺度であるとされる。しかし、我が国におけるサービス財の生産額の総生産に占める割合の高まり、サービス経済化現象はそれを顕著に示す指標にはならないようだ。社会的分業は加速度的であり、近年ではデリバリー・サービスが更に分化し、Uber Eats という職種も登場させた。表面的な数値だけ捉えれば、精神的な豊かさは高まったはずである。しかし、そのようにならない理由は他の先進諸国と比較して、サービス提供活動を担う従業員の給与が非常に低いためである。社会的分業は全体的社会経済における費用節約の手段となっているためである。契約社員の増加もその現れである。

　社会経済の豊かさにつながる本来的なサービス経済化はサービス財の生産が増加することによって、それを消費する消費者が物財にみられる人格的移動となる所有権の移転を受けることなく、満足を得ようとする傾向が強まらなくてはならない。サービス財は精神的な効用を得る場合が多いため、物財を基準とする物質的な豊かさに対して、精神的な豊かさの基準となる。価格は使用価値を土台として、価値又は交換価値を根拠とする。機械設備や生産システムに基礎を置く物財に対して、労働集約的なサービス財の生産効率は相対的に低くなる。労働市場における不等価交換がなければ、サービス財の生産に対する妥当な給与は品質を担保する。精神的に豊かな社会における素晴らしいサービス財の生産の直接的な担い手の給与は高くなるはずである。

　実践において、サービス財の生産と物財の価値実現に係わる労働を区別することは非常に困難であり、本章においてもそれらの峻別に関する考察を避けるものであり、今後の課題としたい。それらの区別をすることなく、基本的に全てをサービス財の生産であったと仮定するならば、サービス経済化を支える労働者の給与が低いということは消費者が低品質のサービス財を受け取っているということになる。使用価値が低い財に対する満足度は必然的に低くなる。そのような財が市場の全体を占めるような社会に精神的な豊かさは求められない。

第5章 大手小売企業にみる商業大規模化の論理

はじめに

消費者のニーズは多様であると言われている。それは人間の本質部分に根ざしたものである。但し、そのようなニーズの多様性を無視するのかそれを受け入れるのかはマーケティング管理者の判断に委ねられる。最終的に価値が実現するならば、積極的か消極的かに区別なく、消費者はその商品を受け入れたことになる。

小売業は流通過程にあって、消費者ニーズを直接的に受ける機関である。逆に言えば、小売業者は消費者ニーズを対面による販売活動によって、操作する能力を有する機関でもあり、マーケティングの最終的成果を大きく左右する重要な機関である。それ故、寡占的製造企業が採用するその代表的形態は完全なる商業排除や系列化にみられる商業排除である。

資本の論理に従った小売業の発展を確認した後、その妥当性を現状から検証する。

第1節 商業大規模化の論理

我が国商業理論の代表である森下二次也の見解を以下に紹介する。

資本主義的商業の本質的動機は利潤の追求である。その利潤は売買によって得られるものであり、それを商業利潤と呼ぶ。この利潤はどのようにして得られるのかということから考えてみる。

全く持って間違った見解はそれを不等価交換に求めるものである。資本主義

以前の商人活動において、不等価交換は頻繁にみられたものの、自由競争段階に入り、等価交換が原則となった。資本主義的商業利潤は等価交換を前提としてその内容が説明される。但し、それでも広くみとめられたものの、全く間違った見解もある。それは商業活動を生産的労働と捉え、商品売買が使用価値の増加に結び付き、価値そのものが高まるという見解である。それは売買差益による利潤の獲得という直接的な現象にのみ囚われ、資本の運動全体から商業利潤を捉えられていないためである[1]。

　産業資本による生産過程で価値が形成されたものを消費者に等価交換で販売するものであり、価値そのままで消費者に販売するため、産業資本家からは商品の価値以下で商業資本家が商品を購入することになる。商業利潤は異なる資本である産業資本による生産過程で生み出された剰余価値の一部を一般的利潤率でもって分配に預かるのである。商業資本は商品流通全体の総資本に必要不可欠な資本である。産業資本自らが商品流通を貫徹する場合であっても、商業資本は欠かせないものである。商業資本は産業資本から自立化することによって、不生産的労働を節約し、総資本における利潤率を上昇させる効果がある[2]。

　商業資本の自立化によって、商人は資本家となる。商業資本家は産業資本家が雇用した代理人ではなく、産業資本家自体の代理人となる。資本家階級は産業資本家と商業資本家に分かれる。産業資本に優位があるものの、形式的には両資本は対等な関係にあり、一般的利潤率の形式に参加し、同率の利潤が分配される。商業資本の自立化は流通過程の困難を除去し、費用節約を推進する。その結果として、産業資本は生産時間を延長し、生産資本を増加させることによって、剰余価値を更に増加させ、一般利潤率も増加させる。商業資本にもその利潤は分配される。産業資本と商業資本は共存共栄の分業関係にある[3]。

　個別商業資本の回転数は利潤に直接影響する決定的なものである。競争関係にある他の資本に対して、回転数が多い場合、価格は同じであっても超過利潤

1)　森下二次也『現代商業経済論』有斐閣、1960 年、75–79 頁。
2)　同上、80–84 頁。
3)　同上、119–124 頁。

を獲得出来る。又、価格を引き下げることによって、回転数を高くし、利潤を拡大することも可能であり、薄利多売は商業資本の原理的位置付けが与えられる。それを可能にするため商業資本は大規模化が図られる。個別商業資本について、大規模化により、企業組織内部の分業が促進され、各作業の効率化がなされる。個別産業資本にとって、商業資本が大規模化することによって、取引数が簡素化され、費用が節約される。取引数の減少は社会的総資本からの要請でもある[4]。

　これまでの内容は自由競争段階のものであったが、以下では独占段階での資本主義的商業資本をみていこう。独占段階での分析において、商人数が統計上増加するものの、それをもって独占状態を否定出来ない。数量的な面にのみ目を奪われては本質はみえない。特に、独占段階における産業資本の商人に対する依存度の低下は商品流通に係わる空費の節約を放棄するものであるにも係わらず、なぜそのような行動を取ろうとするのかということを分析しなくてはならない[5]。

　産業資本は販売競争に打ち勝つため、新技術を積極的に導入するが、それは同時に一般的利潤率を低下させるため、それを補うための生産のますますの増大を図ろうとする。しかし、資本の集積には限界が生じるため、資本の集中がおこなわれる。それは個別資本の運動を停止されるものであり、資本家による資本家の収奪と理解される。資本の集中による巨大企業は独占ではないが、寡占化した企業間での協定による競争の制限が実現するため、独占に接近する。

　そのような状態であっても、競争を排除することは出来ず、生産の拡大も止められない。資本の本性として、利益の多い部門へ資本は移動し、その結果として、新商品がますます市場に導入されることになる。独占資本主義における商品の種類と数量が急速に増加すれば、必然的に商業資本も膨張する。それだけに止まるものではなく、独占段階における商業資本の膨張は正常な範囲を超えて生じる。それは生産と消費の間に生じる矛盾のためである。それは独占産

---

4)　同上、127-132 頁。
5)　同上、245-248 頁。

業資本が最大限利潤の獲得に向けて多方面に対する搾取や収奪をおこなった結果、市場が狭隘化したためである。販売問題の深刻化は激しい競争を引き起こすため、更なる商業資本の膨張を必要とする。もうひとつの特徴はほとんど機能しない商業資本の急速な増大が生じる。小売業の開業は非常に容易であり、市場の狭隘化に伴う余剰の労働力が小売市場へと流れ込む。資本の集積と集中、それによる独占の形成が大きな流れではあるものの、零細商業の急速な増加も重なり、社会全体の流通費用はますます増大する[6]。

　直上にあるように、商業資本の量的な増加がみられると同時に質的変化もみられるようになる。百貨店は販売過程での競争の排除を強化する。百貨店は社会的売買集中の原理を忠実に体現するだけでなく、店舗を豪華にし、接客サービスの質を高くする。それにより、商圏の拡大を促進させ、市場を力強く支配する。百貨店に奪われた市場に対抗する手段は中小零細小売業者にはなく、百貨店で品揃えされた商品以外がそこで取り扱われる。但し、百貨店は独占産業資本が生産する商品だけでなく、多くの中小零細製造業者・生産者の商品も取り扱うため、中小零細小売業者が品揃えの余地がなくなることには至らず、完全にそれらを排除出来ない。生産者の規模に関係なく、百貨店は品質が優れた商品や希少な商品を品揃えするためである。中小零細製造企業・生産者や卸売商人は百貨店に対して、販売における自由を奪われているという事実があるものの、百貨店の販売力に起因するバイイングパワーではなく、百貨店で自らの商品が取り扱われることによって得られる市場での安定性に魅力がある。

　百貨店とは異なる方向にある商業資本の独占化として、連鎖店がある。優位性の基礎は大量購買にある。連鎖店の店舗規模が特段に大きなものでなくとも、又、販売される商品の種類が限定的ではあっても、その商圏における強力な支配力は低価格販売にある。連鎖店は多店舗展開することによって、同一商品を大量に仕入れるため、価格交渉力を強化する。独占的製造企業であっても連鎖店の交渉力の強化を認めざるを得ない。

---

6)　同上、249-254頁。

このような商業資本は巨大商業資本の枠を超えて独占商業資本となる。[7]

第2節　倒産の事例と理論的整理

　ダイエーの事例から始めよう。歴史的分析をおこなった碓井和弘によれば、中内功は神戸三宮高架下で「友愛薬局」をその後、大阪で正規以外の流通過程から仕入れる現金問屋「サカエ薬局」を開業した。薄利多売のモデルとして新聞でも取り上げられた。「大栄薬品工業」を設立したが、ブランド力がなく不成功に終わった。同年に開業した「主婦の店ダイエー」は菓子を目玉商品にすることで成功を収め、チェーン展開を進めていった。その後、戦略的備蓄により仕入れを強化し、メーカーに対抗し、最終的にダブルチョップ商品の発売に至った。東洋紡ブルーマウンテンカッターシャツは大躍進的販売を実現した好事例である。松下電器との闘いは熾烈を極めた。プライベートブランド商品「ブブ」を導入したが、性能的な問題から撤退がなされた。その後の「ノーブランド商品」の拡大を図り、それ相応の成果を得るが、消費者ニーズの変化を受け、その役割を終わらせ、「ニューセービング商品」に統合した。阪神・淡路大震災以降、経営は急速に悪化した。ナショナルブランド商品の低価格化にプライベートブランド商品のそれが追い着かず、敗退することになった。[8]

　経営方針の分析をおこなった井田泰人によれば、中内は阪急電鉄を軸に百貨店やレジャー産業への多角化を進めた小林一三の経営方針を見習った。多角化は百貨店のプランタン、外食産業のビックボーイ、フォルクス、ほっかほっか亭、更に、南海ホークスの買収等、多岐にわたった。バブル景気時代、中内は地価の高騰により借り入れを強化し、多角化・多店舗化を推し進めたが、バブル崩壊の影響も大きかったものの、消費者ニーズの移り変わりを適切に読み取ることが出来ず、倒産に至った。小林の経営の方向性を模倣したものの、個々

---

7)　同上、320-323頁。
8)　碓井和弘「ダイエーのプライベートブランド戦略と顧客満足」『札幌学院大学経営論集』第13号、2020年。

の活動や展開・拡大には慎重さがそれらの成功に導いていた事実を十分に理解出来ていなかったようだ。[9]

業績分析をおこなった金原達夫・榎本悟の見解によれば、ダイエーの経営戦略の特徴を規模の拡大による優位性の獲得と借金依存の事業の多角化である[10]。

次はマイカルである。ニチイは最初、セルフハトヤ、岡本商店、ヤマト小林商店、エルビスが合併し、最終的に 38 社の参加となった。1976 年に 1 部上場を果たした 2 年後百貨店連合ダック・ビブレが設立された。1982 年小林敏峯が社長となり、「時間消費型市場の開拓」を掲げて多様なアミューズメント・アメニティ事業を展開した。1988 年「マイカル宣言」による大転換では独自のまちづくり構想「マイカルタウン」に発展した。マイカルは 2001 年に破綻した。[11]

ダイエーとマイカルのふたつの事例は小売業が必然的に大規模化する、そのためには店舗数の増加が図られることを証明する。産業資本と商業資本は商品流通にとって必要不可欠な過程ではあるが、商業資本が自立化した段階にあって、その社会経済的有用性が発揮されると同時に、両者の間に対立関係を生じさせることになる。商業資本はその対立における優位性を獲得するために自社独自の強みを強化する。そのひとつはプライベート・ブランド商品の開発であり、もうひとつは管理型商業集積の形成である。しかし、後者の集積の形成は本来的な小売業から活動範囲を広げた、それは本業を逸脱する危険性が高まることを意味する。

9) 井田泰人「模倣的経営の実践とその顛末−小林一三と中内功の経営−」『近畿大学短大論集』第 38 巻第 1 号、2005 年。
10) 金原達夫・榎本悟「業績推移と経営判断の関係−ダイエーの事例−」『広島大学マネジメント研究』第 3 号、2003 年。
11) 中井誠「デフレ経済下の資金調達−マイカル倒産からの教訓−」『年報財務管理研究』第 14 号、2003 年。

おわりに

　イオンの現状は過去の倒産の事例に部分的ではあっても重なるように思えるのは筆者だけではないであろう。[12]

　また、本論からは逸脱するものの、初学者特に大学院生に対して、言及しておきたい。第 1 節で述べた商業大規模化の論理は商業を歴史的な視点から、且つ、経済学の視点から分析した原理論である。時代の経過に伴い、研究が細分化し、発展していることの事実があっても、その本質は変わらないということもある。近年、古典研究を学ぼうとする学習姿勢が少なくなったのではないか。確かに、そのために費やされる時間が膨大となり、それによって、研究業績の積み上げが困難になるという問題は避けられない。特に、大学院生にとって、直近の問題は職を得ることであり、近視眼的な行動に動機づけられることを単純に非難出来ない。

　長期的な研究生活の中にあって、古典研究の大切さを筆者は痛感する。それを証明するひとつの現象として、自然科学分野における具体的な研究活動の場である学会は非常に活発である。それに対して、筆者が位置する流通・マーケティング領域におけるそれはそのようにはないと認めざるを得ないという現実がある。本質を捉える力が不足しているのではないか。原理論は実践の多様さ・複雑さ・不安定さが増加すればする程、その本質を捉える視角を与えるものと筆者は認識する。

---

12) 大友達也「あの弱かったイオンがダイエーを呑み込んでしまった。何故 ?」『社会科学』第 79 号、2007 年。

第6章　地域活性化と古民家再生

はじめに

　近代化によりわたしたちは当たり前のようにモノが豊富で、便利な機能が揃った環境で過ごしている。そこから得られる感動はどのようなものであるのか。満たされた状況はわたしたちの感覚を麻痺させ、日常生活を退屈に感じさせるかもしれない。一方で観光客の足取りが途絶え衰退傾向の地域がみられる中、古民家を再生した施設を活用している地域には部分的ではあっても活気がみられる。古民家は日本の文化的資産であり、壊れてしまうと再現性が失われる歴史的な価値を持っている。風情ある趣が感じられる古民家は人を惹きつけ、心を穏やかにしてくれる。

　その魅力ある古民家は日本の伝統を残しつつ、現代的な機能や芸術的なデザインを加えることによって、古民家再生施設として生まれかわる。珍しいモノやレトロ品を扱う物販店、こだわりのある飲食店、個性的な店主が経営するゲストハウスは再生古民家を活用し、集客力を高めている。古民家の再生や活用が国内外問わず観光客を増加させ、地域経済の活性化になりえるのではないか。古民家の価値化や古民家再生によるブランド化に注目し、地域活性化における古民家再生施設の活用を検討したい。

第1節　古民家の価値化

　地域住民が価値を感じていないような古民家や空き家に注目されたい。総務省統計局の「平成30年住宅・土地統計調査結果」によれば、「居住世帯のない

住宅」のうち空き家は 846 万戸、総住宅数に占める空き家の割合（空き家率）は 13.6% で過去最高となっている。空き家数の推移をみると昭和 63 年から平成 30 年までの 30 年間にかけて 452 万戸（114.7%）の増加となっている。また、別荘などの「二次的住宅」を除くと 808 万戸（12.9%）となっている[1]。

　古民家は明確な定義がなく、一般的には建築後 50 年経過した建物のことを指す。一般社団法人全国古民家再生協会によると「昭和 25 年の建築基準法の制定時に既に建てられていた『伝統的建造物の住宅』すなわち伝統構法とする[2]」と定義されている。『建築大辞典 第 2 版』に構法とは「建築の実体の構成方法」と記されている。伝統構法について、伝統木造技術文化遺産準備会はキーワード 10 個「構造、担い手、心構え、技術、素材、伝承、暮らし、結い、文化、未来へ」の要素を含む総体として捉えている。また「『これからの建築のあるべき姿』を示唆する『環境建築』であると捉えることができる」と述べられている[3]。一般社団法人伝統構法耐震評価機構は「壁量に頼らず、構造架構、すなわち木組みそのもので家を建てるということで、壁に力を求めず単なる間仕切りと考え、大きな木を柱と梁として力強く組み合わせることによって耐力を生み出す考え方[4]」と述べられている。

　城や社寺なども伝統構法による建造物であり、伝統構法は日本が誇る建築技術である。日本の歴史的建造物、日本の風景や街並を存続させることが観光資源につながる。日本の景観と自然を守り、価値ある古民家を活かすことが魅力ある地域経済につながるだろう。

---

1)　総務省統計局「平成 30 年住宅・土地統計調査 結果の概要」、https://www.stat.go.jp/data/jyutaku/2018/pdf/g_gaiyou.pdf、2021 年 3 月 20 日閲覧。

2)　一般社団法人全国古民家再生協会『『古民家』の定義について」、http://www.g-cpc.org/、2021 年 3 月 20 日閲覧。

3)　伝統木造技術文化遺産準備会「伝統構法とは」、http://dentoh-isan.jp/dentoh-construction-method、2021 年 3 月 20 日閲覧。

4)　一般社団法人伝統構法耐震評価機構「伝統構法とは」、http://www.doutekitaishin.com/dentou、2021 年 3 月 20 日閲覧。

第 2 節　古民家再生によるブランド化

　古民家は古い庶民住居全体を意味し、再生の対象となる古民家は建築史学でいう「近世民家」であることが多いようである[5]。魅力ある古民家を単に再生するだけでは、現代社会で生活するわたしたちにとって受け入れ難い。そのため、日本の建築技術と構造や素材を可能なかぎり残しつつ、現代的な機能や芸術的なデザインを加えることで価値ある建築物として再生される。再生された古民家の施設がさまざまな形態で点在して見受け、地域に根付いている。

　また、伝統的日本建築は地域固有の材料を使用し、周辺民家と同様の様式で建築されたため、統一された景観が形成されていた。民家は地域特性に深く関係した建築がなされていたことも価値である[6]。古民家再生施設は地域資源としての価値がある。

　古民家再生施設を積極的に活用している地域は活気が溢れている。その地域や古民家が好きで移住してくる人、希少価値があるものにこだわりを持つ人など、「古民家」を通して心と心の繋がりと相互扶助の精神が生まれる。訪れたことのない地域や店舗であっても「古民家再生」をキーワードにコミュニティーが自然と形成される。観光客への他店舗の情報提供、店主と消費者や消費者同士による情報共有、地域活性化のためのミーティングやイベント開催など、そこには精神的に強い繋がりがある。

　古民家再生施設に関わる人は穏やかな雰囲気、心温まる気遣い、こだわりを持った豊かな個性がある。経営方針にも人柄が表れている。歴史的価値のある品物を扱うある物販店の店主は古風な身なりで会話が少ないが、非常に丁寧に情報を提供してくれる。ある飲食店は地域特産物や地域住民から仕入れた材料を利用し、化学調味料を使わない自然素材の料理を提供する。個性的な店主が

5)　藤川昌樹「地域の文化的資源としての古民家とその再生」『農村計画学会誌』第 32 巻 第 2 号、2013 年、108 頁。
6)　同上、109 頁。

経営するゲストハウスは人と人との縁を大切にし、心温まる時間を過ごせるようなサービスを提供する。数多くの古民家再生施設の店舗は集客力が高い。目新しい品物を探したい、料理だけでなく雰囲気も味わいたい、店主との会話を楽しみたいという消費者を遠方であっても足を運ばせたくなる店舗だからである。地域経済の発展に重要な古民家再生施設は、地域のブランドとして大々的に宣伝してもいいのではないだろうか。是非とも、地域活性化に古民家再生施設を取り入れていただきたい。

第3節　地域活性化における古民家再生施設

　家や建物は我々にとって、欠かせない。空き地になると住む人が減り、地域の活気も低下してしまう。それに対して、古民家や空き家を再生した場合、建物に魅力を感じた人が集まり、コミュニティーや交流が生まれ、家並みが形成され、その地域内で人が生活することで経済活動が生じる。
　古民家再生施設の活用が地域活性化や地域経済にどのような影響を与えるかを文献レビューする。

1. 事　　例

　国土交通省観光庁の訪日外国人の消費動向に関する資料によると、2019年の訪日外国人の「①1人当たり旅行支出」は一般客が15.9万円、クルーズ客が4.0万円と推計され、「②訪日外国人旅行者数」は一般客[7]が2,985.5万人、クルーズ客が202.6万人である。2019年の訪日外国人旅行消費額[9]は（①×②＝）総額で4兆8,135億円と推計され、費目別にみると、宿泊費が29.4%、飲食費

7) 日本政府観光局（JNTO）「訪日外客数」（暫定値）、法務省「出入国管理統計」船舶観光上陸許可数。
8) 訪日外客数からクルーズ客の人数（船舶観光上陸許可数）を除いたもの。
9) 訪日外国人（クルーズ客を含む）が日本滞在中に支払った旅行中支出に、パッケージツアー参加費に含まれる国内収入分を推計して加算している（クルーズ客は旅行中支出のみ計上）。日本の航空会社や船舶会社に支払われる国際旅客運賃は含まれない。

が 21.6%、買物代が 34.7% を占める。[10]

　観光・レジャー目的の訪日が 2 回以上の「訪日リピーター」の割合をみると、2016 年〜 2019 年の 4 年間では 6 割前後で推移している。訪日リピーター数は年々増加しており、2016 年 904 万人に対して 2019 年は約 1.6 倍の 1,420 万人である。日本での活動目的として、欧米豪の人々は「日本の歴史・伝統文化体験」60 〜 70% 前後、「日本の日常生活体験」40 〜 50% 前後、「日本のポップカルチャー」20 〜 30% 前後であり、東アジア 4 ヶ国（韓国、台湾、香港、中国）に比べて高い。[11]

　内閣官房「歴史的資源を活用した観光まちづくり成功事例集」の一部を紹介する。長崎県小値賀町は東シナ海に浮かぶ五島列島の北端にある人口 2,400 人程度の小さな島で、地域資源を生かす「島暮らし・自然体験」の観光事業をおこなっている。雇用を生み出す経済効果の実現に向け、個人客をターゲットにした「暮らすように旅をする」高付加価値の旅行商品の提供により、観光地域としてのブランド化を実現した。また東洋文化研究者アレックス・カー氏と共に古民家再生によるプライベート空間「古民家ステイ」、「古民家レストラン」を提供している。他の取り組みとして、「食」「泊」「過ごす」旅を総合的にプロデュースし、ワンストップ窓口機能を有する日本版 DMO「おぢかアイランドツーリズム」を設立している。[12]

2. 資料から抜粋

　「古民家の活用に伴う経済的価値創出がもたらす地域活性化」について日本政策投資銀行地域企画部が 2015 年 4 月に掲載した調査研究レポートを紹介

10）国土交通省観光庁「訪日外国人の消費動向 2019 年 年次報告書」https://www.mlit.go.jp/kankocho/siryou/toukei/content/001345781.pdf、2021 年 4 月 18 日閲覧。
11）国土交通省観光庁「訪日外国人消費動向調査：2019 年 年間値の推計『訪日外国人旅行者（観光・レジャー目的）の訪日回数と消費動向の関係について』詳細分析」、https://www.mlit.go.jp/kankocho/siryou/toukei/content/001350782.pdf、2021 年 5 月 9 日閲覧。
12）内閣官房：歴史的資源を活用した観光まちづくり官民連携推進チーム「歴史的資源を活用した観光まちづくり成功事例集」、https://www.cas.go.jp/jp/seisaku/kominkasupport/file/202003_02.pdf、2021 年 5 月 4 日閲覧。

する。[13]

　「古民家は各地域の気候や歴史、文化などを表すものでもあり貴重な地域資源といえる」、また「古民家が並ぶ景観そのものが観光資源となる」と古民家の特徴を述べている。「古民家を地域資源の一つとして活用することで、その修繕・活用に昔から受け継がれてきた地域独自の伝統や建築技術が生かされ、域内経済を活性化することにつながる可能性がある」と活用する意義を示している。実際に「国家戦略特区に提案するために、地方公共団体やまちづくり団体等によって『歴史的建築物活用ネットワーク（HARNET）』を組織し、古民家などの歴史的建築物を活用の促進を目指して、地域の枠を越えた連携も広がりをみせている」と活用の可能性が拡大化されている。「地元に伝わる技術を持った大工が必要な点や木造建築であるため地元の木材を使いやすい点など人的資源や物的資源の調達次第では地域経済に大きな影響を与える存在となり得るのではないだろうか」と地域経済への貢献を期待している。

　古民家と地域経済が密接に繋がる事例として、愛媛県南予地方では四国電力株式会社の発意により、古民家再生事業をおこなった。同社宇和島支店を中心に地元の工務店72社（著名な仏閣の修繕作業に参加した大工や伝統的な建築技術を持った工務店も参加）から始まり、ネットワーク拡大後、170社が連携した「古民家再生プロジェクト」は、古民家独特の趣を残しながら電気機器の導入などにより古民家での生活を快適なものにすることで、①電化ニーズ拡大②地場工務店への波及③定住人口の維持を目指している。このプロジェクトにより形成されたネットワーク「木組みの家」は建築業界と林業・製材業界が中心となって、①伝統建築の普及②地域材活用による林業活性化③地域の大工技術の継承を目的として情報発信をおこなっている。また古民家再生の影響として地域材の利用促進により、例えば愛媛県ではヒノキの生産量が多く地元産業の活性化にも繋がる。

13）株式会社日本政策投資銀行地域企画部「調査研究レポート一覧：古民家の活用に伴う経済的価値創出がもたらす地域活性化」、https://www.dbj.jp/pdf/investigate/etc/pdf/book1504_01.pdf、2021年4月11日閲覧。

　「古民家のある『まち』の価値を上げていくことが、『古民家』自体の価値を上げていくことに繋がるのではないだろうか」について、エリアマネジメントの取り組みの事例として、兵庫県篠山市を拠点とする一般社団法人ノオトは、「指定管理者となっている篠山城で結婚式を挙げ、古民家を改装したカフェで2次会を開催し、古民家を再生した宿に泊まるというように、町全体でひとつのシティホテルとなるイメージでの古民家活用を進めている」、また「ポルトガルで展開している古城や修道院を再生利用した国設民営のホテルグループに倣い・・・かつては酒造場や銀行として使われていた建物の再生・活用を行い、歴史的な町並み、食文化、生活文化が体験できる滞在型ツーリズムを・・・回る広域観光ルートとして展開している」。

　古民家解体が招く地域への影響として、「地域の魅力を低下させ、地域の産業衰退を招き、さらには地権者にとっても土地の賃貸収入や駐車場収入の低下などを招いてはいないだろうか」と古民家の保存や活用を提案している。

　古民家の観光活用として「訪日外国人観光客の古民家への宿泊ニーズを満たすためには、推計 7,390 棟の古民家が必要であり、外国人旅行者の古民家への宿泊が地域へもたらす経済効果は、約 380 億円と試算される（間接効果含まず）」と経済効果が期待される。歴史的町並み保存として京都市伝統的建造物群保存地区条例を掲げている京都においては、「京町家をセカンドハウス兼宿泊施設として複合的に活用することや、古民家を日本の生活文化体験宿泊施設として活用することで、地域の魅力を活かし、世界からの観光集客を実現させている」。

　不動産活用の新たな流れとして、「シェアリングエコノミーの考え方が普及・・・ソーシャルネットワークを活用してモノやサービスを自由に共有することで、効率的に活用しようとする考え方」であり、「古民家においてもスペースの賃貸により収益が生まれるよう有効活用する取り組みが始まっている」。

おわりに

　古民家には土地の歴史や文化、伝統という魅力がある。それに現代的な機能やデザインなどが付加された再生古民家は、新たな地域の経済活動の拠点になりえるだろう。多種多様な形態で古民家再生施設が活用されることで、人口減少地域に賑わいが戻ったり、活気ある街並みを取り戻したり、地域全体にその効果は波及する。また「古民家再生」を通して心と心が通じ合い、共通の価値観を持つ人の強い繋がりにより、地域に人が集まってくる。古民家が地域に与える影響は大きい。

　古民家が並ぶ歴史的な街並みは観光資源であり、地域の魅力を国内外に認知させ、世界からの観光集客にもつながる。特に外国人観光客は日本の伝統や文化の体験ができる場として、歴史的な建築物への訪問や宿泊に興味や関心を持つ人が多い。

　古民家の再生がまちづくりの鍵である。

第7章 地域活性化とゲストハウス

はじめに

　近年の宿泊施設は多様な形態がみられる。特にゲストハウスは観光地、都心部、山間部、住宅街などのさまざまな場所に点在している。ゲストハウスの需要が高まっている要因として、価格が安いだけではない。ゲストハウスが地域や出会いの拠点となっているからである。地域の魅力を感じる人々が集う場所で、外国人や老若男女、異業種などの多種多様な人たちと出会えるからである。施設内の共有スペースは交流の機会があり、会話を楽しむ空間が生まれる。この出会いがきっかけとなり、何かしらの繋がりや発展になることもある。

　ゲストハウスが地域活性化につながる可能性は十分にある。地域に宿泊することが観光入込客数を増やす鍵になるからだ。素泊まりのゲストハウスが多く、店主は地域の観光地や飲食店などさまざまな情報を熟知し宿泊者に提供しているため、地域の拠点のひとつになっている。地域活性化においてゲストハウスの役割を述べたい。

第1節　ゲストハウスについて

　ゲストハウスの宿泊形態について、厚生労働省の旅館業法の定義によると、「旅館業とは『宿泊料を受けて人を宿泊させる営業』であり、『宿泊』とは『寝具を使用して施設を利用すること』である。旅館業は『人を宿泊させる』ことであり、生活の本拠を置くような場合、例えばアパートや間借り部屋などは貸室業・貸家業であって旅館業には含まれない。また、『宿泊料を受けること』

が要件となっており、宿泊料を徴収しない場合は旅館業法の適用は受けない。なお、宿泊料は名目のいかんを問わず実質的に寝具や部屋の使用料とみなされるものは含まれる。例えば、休憩料はもちろん、寝具賃貸料、寝具等のクリーニング代、光熱水道費、室内清掃費も宿泊料とみなされる。また、宿泊施設付きの研修施設（セミナーハウス）等が研修費を徴収している場合も、例えば当該施設で宿泊しないものも含め研修費は同じとするなど当該研修費の中に宿泊料相当のものが含まれないことが明白でない限り研修費には宿泊料が含まれると推定される。ただし、食費やテレビ・ワープロ使用料など必ずしも宿泊に付随しないサービスの対価は宿泊料には含まれない[1]」。旅館業には洋式の構造及び設備を主とする施設を設けるホテル営業、和式の構造及び設備を主とする施設を設ける旅館営業、宿泊する場所を多数人で共用する構造及び設備を設ける簡易宿所営業、1月以上の期間を単位として宿泊させる下宿営業の4種がある[2]。

　旅館業法においてゲストハウスは、簡易宿所として位置付けられる。松原小夜子は「①素泊まりを基本とし、②ドミトリーと呼ばれる相部屋形式が主で、③台所や居間など何らかの共有空間を有し、④素泊まり・相部屋であることから、宿泊費が安価であることを特徴としている。トイレや洗面、浴室などは共用で、浴室はシャワーのみの場合が多い。寝具の準備や食事の支度、片付けなど、身の回りのことは自ら行う方式である。旅館や民宿では、1泊2食付を基本とし、部屋単位の料金であるため、家族連れやグループでの利用が割安となるが、相部屋形式のゲストハウスでは、一人でも同一価格で宿泊する。台所や居間などの共有空間があって、食事づくりやくつろぎ時、あるいは近所の銭湯や温泉施設利用時などに、宿泊者同士の交流が生まれやすいこともあり、ひとり旅でも気軽に利用することができる[3]」と述べている。他にゲストハウスの特徴で考えられるのは、基本的にセルフサービスであり、インターネットや洗濯

1)　厚生労働省「旅館業法概要」、http://www.mhlw.go.jp/bunya/kenkou/seikatsu-eisei04/03.html、2021年4月22日閲覧。
2)　同上、2021年4月22日閲覧。
3)　松原小夜子「都道府県別にみた宿泊型ゲストハウスの開業実態」『椙山女学園研究論文集』第47号、2016年、95頁。

の設備等のサービスもある。あるゲストハウスでは、カフェやバー等の交流の場となりうる施設、イベント施設もある。

　林幸史と藤原武弘は「国内におけるゲストハウスの系譜には、3つの流れがある。1つ目は、東京の山谷や大阪の釜ヶ崎といった大都市の寄せ場の簡易宿泊所が外国人旅行者を受け入れるようになりゲストハウスとなった流れである。2つ目は、バックパッカーとして国内外を旅した経験を持つ人々が、自分らしいライフスタイルを追求する中でゲストハウス開業に至った流れである。そして3つ目は、町おこしや地域活性化の役割を担う拠点としてゲストハウスが設立された流れである」、また「ゲストハウスには、『休息の場』『人を繋ぐ場』『異日常の場』『巡りの場』という4つの特性がある」と述べている。ゲストハウスを好む人たちは共通の価値観をもっている。アットホームな雰囲気を好み、旅の情報交換やコミュニケーションを積極的に図り、相手を気遣い、親身に会話をするが干渉し過ぎず、その場を大切にする。ゲストハウスの需要が高まる中、旅館や民宿などの宿泊施設であっても「ゲストハウス」の名称を使用するほどである。また、ゲストハウスに似せた施設が増えている。

第2節　地域活性化としてのゲストハウスの役割

　多くの人に地域の魅力を知ってもらうためには多種多様な情報を提供・発信する場やツールが必要である。ゲストハウスはその役割を果たす。地域に根付いているゲストハウスの店主は観光地や飲食店などさまざまな情報を熟知している。観光地のマップや写真などを提供するだけでなく、あるゲストハウスでは感動する観光案内ツアーを企画している。観光客のニーズに合った豊富な情報を提供すること、またゆっくりとのんびりと過ごしてもらう工夫や仕組み作りが、地域経済を活性化させる。

4)　林幸史・藤原武弘「旅行者が交差する場としてのゲストハウス−交流型ツーリズムの社会心理学的研究−」『関西学院大学社会学部紀要』第120号、2015年、80−81頁。
5)　同上、82頁。

地域との共同イベントやゲストハウス内でのイベントなどを開催することもそのひとつである。交流の場としてゲストハウスを利用することで、開催されたイベントだけで終わらせることなく、人と人との関係づくりとなる。例えば、農業体験企画であれば1日目は野菜を収穫する。ゲストハウスに宿泊した2日目は収穫した野菜をゲストハウス内で調理し、ゲストハウスの玄関先やホームページなどに企画の主旨と詳細を掲載し「ぜひ試食しにお入りください」と誘う。宿泊客は多様な人と交流し、人の輪が広がる。魅力を感じた人はまた収穫時期にその地を訪れる。

イベントのミーティングをゲストハウスでおこなう。ゲストハウスの雰囲気や空気感がユニークな企画を生み出すかもしれない。地域の魅力を感じ広めたいと思う人々が集う場になり、また外国人や老若男女、異業種などの多種多様な人たちが集まれば、豊富なアイデアの宝箱になるだろう。ゲストハウスを中心に人の心と心が強く繋がったコミュニティは形成される。

第3節 事 例

1. Cafe & Guest house Name came Ono[6]

福井県大野市篠座町にある、伝統的な古民家を改装したゲストハウスに併設されたカフェでもスローライフを楽しめる。「越前おおの」の自然溢れる風景を眺め、ゆったりとした時間を過ごせる空間である。こだわりのある店主によるサービス精神は心惹かれるものがあり、何度も訪れたくなる素晴らしい時間になっている。人と人、人とモノがつながるゲストハウスは心と心が強く繋がる。私のためだけに暖炉で焼いて頂いた焼き芋、有名な華道家による食器の話、店主のライフスタイルや生き方について心のこもった話など、かけがえのない貴重な時間であった。

店主の人柄が表れた空間デザインは言葉では言い表せない。座り心地の良い

---

6) Cafe & Guest house Name came Ono、https://www.namecameono.com、2021年5月8日閲覧。

椅子の設計、温かみのある照明の角度、施設内のさまざまな要素は五感を刺激し、心を打つ。日本の伝統建築を残しつつ廃材を再利用し、現代的な芸術を取り入れた古民家再生は人を惹きつける。人を魅了するゲストハウスは地域住民にも愛されている。地域住民が宿泊客を観光案内したり、カフェでワーキングした後に、自分たちで掃除したりする様子はゲストハウスが地域に根付いている証拠である。自然と見所のあるこの土地にゆったりと滞在し、心のこもったサービスを受け、居心地のいい空間で過ごし、店主や宿泊者、地域住民との触れ合いを楽しんで頂きたい。

2. ラウンジ たき[7]

　北陸地方の福井県福井市内に築 50 年ほどの自宅を DIY によってリノベーションしたゲストハウスがある。細やかな宿泊サービスだけでなく、オーナーのボランティア精神溢れる「おもてなし」プラン、個性的なデザインやミニアトリエなどの施設空間が魅力的である。オーナーの優しい人柄が表れているデザインには心を惹かれる。1 階の壁にリピーター客の写真と感想が飾られており、オーナーへの感謝の文面が多く、また利用したいという思いが綴られている。共有キッチンには福井県の地酒や 1 階には日本語・英語・中国語・韓国語の旅行資料などが置かれている。

　オーナーは元大手旅行会社の添乗員の経験を活かして、親孝行・スキー・観光・登山・ビジネスの 5 つのユニークなプランを提供している。オーナーによる感動する観光プランでは、福井県の定番から穴場まで、低価格で案内してくれる。用意周到であるオーナーは雨天であっても滝の中に入られるようにロープを車に積み、またいくつものサプライズを用意してくれる。永平寺の拝観後にデザートを提供してくれたり、観光が終了し宿に向かっていると思いきや丸岡城のライトアップに連れて行ってくれたり、記憶に残る素敵な時間を過ごすことができた。ゲストハウス経営者は宿泊者に対して感動のサービスを提供す

---

7)　ラウンジ たき、http://lounge-taki.com、2021 年 5 月 8 日閲覧。

ることが楽しみのようで、リピートにも繋がり、地域貢献のひとつにもなっている。

3. ユニークな宿泊施設

　再生された古民家をゲストハウスとして活用している事例ではなく、ユニークな魅力ある宿泊施設を紹介したい。再生古民家と同様にリノベーションという観点から、地域活性化に影響を与える事例といえる。城・城下町や寺院、スナック街、鉄道、醤油、学校などをリノベーションした宿泊施設をホームページより抜粋した。

①城・城下町や寺院

　国土交通省観光庁（以下、観光庁と表記する）の政策の中で「城泊・寺泊による歴史的資源の活用事業」は、「日本各地に点在する城や社寺を活用したユニークな体験型宿泊コンテンツの創設（城泊・寺泊）を推進させ、地方誘客の促進を図る取組を進めている」。日本における城での宿泊体験を「城泊」としてモデル化した先進事例は、長崎県平戸市の平戸城が1組無料招待の募集に対して約7,000組の応募があり、その半数以上が欧州の人であった。これによるプロモーション効果が発揮され、平戸市を訪問する外国人観光客が増加した。[8]

　城泊できる他の事例として、愛媛県大洲市の大洲城が天守に1泊100万円で城主の気分を味わえる宿泊体験や城下町に残る町家・古民家などを活用した「大洲城下町ホテル」に宿泊できる。[9]「湯浅温泉 湯浅城」は湯浅城址の近隣に建ち、城の形をした温泉宿泊施設30室、名泉天然温泉、SUPクルージングや釣り、果物狩りなどができる体験宿泊プラン、スポーツ合宿ができる。[10] コスプレ企画と共に城を活用した事例として、株式会社スペースマーケットは株式会社島原観光ビューローと連携し、2017年3月に島原城を起点としたコスプレ撮影イベント「島原コスプレの乱」を開催し、同時に島原城におけるグランピ

8) 国土交通省観光庁「城泊・寺泊による歴史的資源の活用事業」、https://www.mlit.go.jp/kankocho/shisaku/kankochi/shirohaku.terahaku.html、2021年4月18日閲覧。

9) バリューマネジメント株式会社、https://www.ozucastle.com、2021年4月19日閲覧。

10) 湯浅温泉 湯浅城、http://yuasajyo.jp、2021年4月29日閲覧。

ング宿泊体験を実施した。[11]

　日本における寺での宿泊体験の先進事例は、和歌山県河野町には 52 の宿坊が集積し、外国人宿泊者（8 割が欧米）が近年大幅に増加している。滋賀県大津市の三井寺では 2018 年 7 月に境内の僧坊をリノベーションし、1 泊 1 室 30 万円で寺泊できる。高付加価値体験として拝観、座禅や写経など寺の日常生活の体験が可能な寺院が多く存在する。[12]

②スナック街

　青森県弘前市桶屋町にある「GOOD OLD HOTEL」はスナック・ディスコ・飲食店が集まるスナック街跡地で、築 50 年のビルをリノベーションした宿泊施設がある。古き良きスナック街の雰囲気や文化をそのまま残し、ノスタルジックな体験ができる。11 店を改装し、当時使用されていた看板をそのまま活用してルームサイン、部屋名としている。ペット同伴可能であり、設備は全部屋にユニットバスやアメニティーなどが充実している。[13]

③鉄道

　大正 14 年築の高野下駅舎をホテルにリノベーションした「NIPPONIA HOTEL 高野山 参詣鉄道 Operated by KIRINJI」は、乗務員の待機スペース 2 部屋を改築し、7100 系の車両パーツを用いた内装や客室の窓からはホームを往来する電車を一望することができる。夕食は持ち込み可能であり、地元店の出前サービスを受けられる。宿泊者限定特典として、朝食は九度山駅にある「おむすびスタンド くど」が竈と薪で炊いた地元産の米を使った朝食の無料チケットと「高野下駅・九度山駅」間の往復乗車券が付いている。[14]

④醤油

　1689 年に創業した奈良県最古の醤油蔵元であるマルト醤油は宿泊施設

11）株式会社 PR TIMES：プレスリリース・ニュースリリース配信サービス「株式会社スペースマーケット」、https://prtimes.jp/main/html/rd/p/000000011.000015560.html、2021 年 4 月 19 日閲覧。

12）同上、https://www.mlit.go.jp/kankocho/shisaku/kankochi/shirohaku.terahaku.html、2021 年 4 月 18 日閲覧。

13）GOOD OLD HOTEL、https://goodoldhotel.com、2021 年 4 月 29 日閲覧。

14）NIPPONIA HOTEL 高野山 参詣鉄道 Operated by KIRINJI、https://nipponia-koyasan.jp、2021 年 5 月 3 日閲覧。

「NIPPONIA HOTEL 田原本 マルト醤油」として開業した。マルト醤油は地元産原材料と天然醸造製法にこだわり、風味豊かな醤油が皇室御用達でもあったが、大戦後、食糧難により1950年ごろに閉業した。築130〜140年の「大和棟」と呼ばれる歴史ある奈良伝統建築様式の醤油醸造屋敷には、醸造棟や居住棟、書庫に江戸期以来の道具や古文書が当時のまま残されている。古から変わらない田畑の原風景を味わうことができ、神社や遺跡など大和の歴史的魅力が凝縮されている。閉業以来、70年ぶりに醤油蔵が新たに泊まれる醤油蔵として復活した。体験として「醤油しぼり」作業ができ、最後に田原本町の菓子処「はつの家」の白玉にマルト醤油をかけて、みたらし団子を堪能することができる。[15)]

⑤学校

　文部科学省のホームページに掲載されている体験学習施設・宿泊施設などへの活用事例は57件である。そのうち宿泊施設（宿泊型体験学習施設、宿泊体験施設、宿泊機能を有した拠点施設、農村体験宿泊施設を含む）は22件であった。[16)]魅力ある施設が多い中、特に特徴のある2つの宿泊施設を紹介する。

　1つ目は、宮城県本吉郡南三陸町にある「校舎の宿 さんさん館」は旧小学校の木造校舎を体験宿泊施設としてリノベーションしている。各種グリーン・ツーリズムを体験することができ、年間を通して100種類の豊富なプログラムがある。田植え・稲刈り、野菜収穫、果物狩り等の「農業」。貝類の水揚げ、カニ籠漁、刺し網漁体験などの「漁業」。杉の間伐・枝打ち、炭焼き・釜出し、植林等の「林業」。繭細工、民謡、オカリナ演奏、モノつくり等の「地元名人教室」。パチンコつくり、竹を使用するあそび、そりづくり、お手玉つくり等の「昔あそび道具づくり」。そば打ち、餅つき、こんにゃくや豆腐づくり等の「食」。校舎の裏側にある体育館や昔の面影の残った教室を会議やワークショップなどに利用できる。[17)]

15) NIPPONIA HOTEL 田原本 マルト醤油、https://maruto-shoyu.co.jp、2021年5月3日閲覧。
16) 文部科学省：大臣官房文教施設企画部施設助成課「廃校施設等活用事例リンク集4」、https://www.mext.go.jp/a_menu/shotou/zyosei/1296840.htm、2021年5月3日閲覧。
17) 校舎の宿 さんさん館、https://san3kan.net、2021年5月3日閲覧。

　2つ目は、山梨県北杜市須玉町に位置する「三代校舎ふれあいの里[18]」は明治、大正、昭和の伝統が残る旧小学校をリノベーションして、「食」体験型リゾート施設として利用されている。山梨の指定文化財に認定されている近代西洋風木造建築の明治校舎「津金学校[19]」は、歴史資料館やカフェとして、外観は昔の校舎のままで、施設内の設備は現代風に新築復元された大正校舎は、そば打ちやほうとう、農業など各種体験の施設「大正館[20]」として、昭和校舎は洋と和のレストランやパン工房、販売所、宿泊施設、ハーブの湯を備えた「おいしい学校[21]」として、運営されている。「おいしい学校」の食事は昔ながらのアルマイトの食器で配膳され、昭和 40 年代に廃校になる以前に使用されていた給食食器を使用している。

おわりに

　地域の魅力が人の流れを生み、街の賑わいにつながる。さらに宿泊してもらうことで、地域経済が活発になる。ゲストハウスが地域の拠点となり、その役割を担う。地域に滞在し観光することで街の魅力を発見できるだけではなく、店主や宿泊者、宿泊者同士との交流により強い心の繋がりを感じ、自分自身のことを考えるきっかけにもなりえる。ゲストハウスを中心に地域と連携し、街全体を盛り上げるイベントやコミュニティができれば、地域活性化の道がますます開ける。街の拠点として、観光客だけでなく地元の人たちにも認められるゲストハウスは街の価値となり、街全体の印象まで変えるかもしれない。

　現代社会では人間関係の希薄化がみられ、インターネットを介してのやり取りが多くなっている中、ゲストハウスのような存在は人の心を直接豊かにする。古き良き時代の空間や雰囲気は我々の心を和ませ、日常生活から解放してくれ

18）一般社団法人 北杜市観光協会「三代校舎ふれあいの里」、https://www.hokuto-kanko.jp/guide/ 三代校舎ふれあいの里、2021 年 5 月 3 日閲覧。
19）津金学校、http://tsugane.jp、2021 年 5 月 3 日閲覧。
20）大正館、http://www.taishoukan.jp、2021 年 5 月 3 日閲覧。
21）おいしい学校、http://www.oec-net.ne.jp、2021 年 5 月 3 日閲覧。

る。今後ゲストハウスは様々な活用がなされるべきであり、更に何かしらの相乗効果となり、地域の価値を高めるであろう。

*本章の第 3 節 1. は以下の拙稿を加筆修正したものである。
　菊森智絵・松井温文「ゲストハウスの視察」『The Business Management Society of OTEMON-GAKUIN UNIVERSITY』No. 32、2017 年、10 - 12 頁。
*本章の第 3 節 2. は以下の拙稿を加筆修正したものである。
　今光俊介・菊森智絵「宿泊施設」日野隆生編著『サービス・マーケティング - 理論と実践 - 』五絃舎、2018 年、126 頁。

第8章 地域活性化とオタク文化
―大学の貢献を基軸に―

はじめに

　過去にあって、「オタク」という用語は感覚的に暗い、マイナスのイメージがあり、積極的に好んで使用される用語ではなかったように我々は感じている。しかし、時代が変わり、この用語は社会的地位を得るだけでなく、大きな経済的効果をも発揮するに至った。

　実践現場でオタクをキーワードとする様々な活動が展開されている。特筆すべき点として、公的機関も積極的にオタクという素材を活用し始めたことである。

　ある国における価値観は時代の移り変わりを受け、変化することもある。又、全く異なった制度・文化にある国においてもその価値観が共有されることもある。古民家再生と同じくオタク的素材も我々日本人よりも早く外国人に高く評価されていたのかもしれない。

　本章はオタク文化が地域活性化に役立つことを既存文献のレビュー等から確認する。又、大学が貢献する可能性を述べたい。

第1節 既存文献のレビュー

※佐々木豊・井上貴之・小薗井茜・渡邊瑞生「日本型サブカルチャー戦略 " やおわらし " を用いた農学・農業活性化の試み」『農業情報研究』第 23 巻 第 2 号、2014 年。

　Riesman の見解、「サブカルチャーとは『主流文化に反する個人のグループ』であり、絵画や純文学、クラシック音楽などのハイカルチャーに対して、主に

娯楽を目的とするマイナーな趣味や若者文化のことを指す[1]」に依拠する。

　経済産業省が提唱する「クールジャパン戦略」は「海外で人気の高い『クリエイティブ産業』（アニメやマンガ、食文化、宅配便、旅館、伝統工芸品など、日本の商品・サービス）を活かし、1. 内需の掘り起こし、2. 外需取り込み、3. 産業構造転換を行い、新しい収益源・雇用の確保と地域経済活性化に活かす戦略である[2]」。聖地化された実在する土地が経済的・社会的活性化をもたらせた「らき☆すた」、農学への関心を高めた「もやしもん」「銀の匙」、米・酒の購買層の新規開拓を実現した「萌えキャラ」、ご当地マスコットキャラクターである「ゆるキャラ」はその戦略である[3]。

　活性化のために、①認知度・広報・人気が評価・効果と比例する、②キャラクター数・世界観・物語の拡張・発展が重要である、③コンテンツの継続的な提供・発信が必要である、④効果的なメディアミックスやコラボレーションによる継続的活用が必要であるということが既存文献から整理された。

※岡本健「地域におけるサブカルチャーイベントのあり方ー『なら公園サマーコスプレフェスタ』および『燈花会の彼方』の調査結果からー」『奈良県立大学研究季報』第26巻 第2号、2015年。

　「観光立国推進基本計画」にあるニューツーリズムの1つとして、「アニメを観光資源としたツーリズム」は舞台となった場所への訪問を柱に周辺観光を促進させる取り組みである[4]。

　埼玉県久喜市鷲宮はアニメ『らき☆すた』の舞台地の1つとなった。著作権者の角川書店の許諾を得てグッズ開発やイベントがおこなわれた。地域の祭り「土師祭（はじさい）」では、「らき☆すた神輿」が出されたり、コスプレイベン

1) 佐々木豊・井上貴之・小薗井茜・渡邊瑞生「日本型サブカルチャー戦略“やおわらし”を用いた農学・農業活性化の試み」『農業情報研究』第23巻 第2号、2014年、123頁。D. Riesman, *The Lonely Crowd: A Study of the Changing American Character*, Yale University Press, 1950.（加藤秀俊訳『孤独な群衆』みすず書房、1964年）。
2) 佐々木他、前掲論文、123−124頁。
3) 同上、124頁。
4) 岡本健「地域におけるサブカルチャーイベントのあり方−『なら公園サマーコスプレフェスタ』および『燈花会の彼方』の調査結果から−」『奈良県立大学研究季報』第26巻 第2号、2015年、1頁。

トが開催されたり、放映から 8 年近く経過した今でも多くの人が訪れる。アニメ「けいおん！」の舞台となった滋賀県犬上郡豊郷町では、アニメキャラクターが融合した「飛び出し女子高生」なるものが見られる。更に、アニメ「氷菓」[5]は飛騨高山を舞台にし、作中に水無神社の祭「生き雛まつり」が描かれた。それは地域文化が発信された好例である。逆に、アニメ「花咲くいろは」の舞台である石川県の湯涌温泉では、作中で描かれた祭りを現実に再現し、それを地域の祭りとして継続していこうという動きがある[6]。

　観光振興の具体的な方策において、コンテンツを積極的に活用し、地域の人や文化へとそれを浸透させることによって、集客効果や経済効果を含む観光振興効果の持続可能性を高めようとしている。当然のことではあるが、観光を媒介して地域を活性化させる場合、見せたい又は体験させたい対象に旅行者・観光客が興味、関心を持つことが必須である[7]。

「奈良公園サマーコスプレフェスタ」は奈良公園内の指定エリアでのコスプレイベントであり、事前申込者数は 2 日間で 180 人（1 日目 100、2 日目 80）であった。今回のイベントでは当日開催されていた地域イベント「なら燈花会」の会場内でもコスプレ撮影会が許可された。コスプレイヤーのやりがいの場だけでなく、楽しいコミュニケーションが形成され、それと同時に、それらの様子が一般観光客や外国人観光客にとっての観光資源にもなっていた。更に同時期開催された、「なら燈花会」と奈良を舞台にしたアニメ作品「境界の彼方」との連携イベントが 10 日間実施された。その期間中、アニメの舞台となった明治42 年に建造された「奈良ホテル」では館内ガイドツアーが実施され、4 日間で517 人が参加した。今回の「奈良公園サマーコスプレフェスタ」の課題として、千葉県や岐阜県といった遠方からの参加者もいたが、多くが日帰り参加であり、滞在時間は長いものの平均消費金額が十分に高くはなかった。交流を促進する仕掛けの工夫によって、宿泊の促進と消費金額の増加を図らなくてはならない。

---

5)　岡本健『n 次創作観光−アニメ聖地巡礼 / コンテンツツーリズム / 観光社会学の可能性−』NPO
　　法人北海道冒険芸術出版、2013 年。
6)　岡本健『神社巡礼−マンガ・アニメで人気の「聖地」をめぐる−』エクスナレッジ、2014 年、2 頁。
7)　同上、3 頁。

そのために、来訪者のニーズをより深く分析する必要がある。ひとつのヒントとして、特徴ある景観を活用したり、夜間撮影によるシチュエーションの変化をもたせることは有効である[8]。

　その事例として、青森県下北郡佐井村で開催された「Sai アニメサマーフェスティバル」は景勝地である仏ヶ浦が代表的な観光資源であった。奇岩が織りなす風景を有する仏ヶ裏ではイベント「サイカル！」が開催された。それらはコスプレの背景となり、魅力を更に高める効果があった[9]。

※茶野下貴寛・佐久田昌治「地域復興におけるサブカルチャー戦略」『年次学術大会講演要旨集』第 27 巻、2012 年。

　アニメ「氷菓」が岐阜県内にもたらす経済効果が 21 億円にも上るとの見通しが発表された。舞台探訪とも理解される「聖地巡礼」はサブカルチャーコンテンツに関わる場所にファンが赴き、実際の風景・雰囲気を自らの五感で受け止め、物語への一層の思いを温める行為である[10]。

　「感性価値の共有を主眼に置くことさえ出来れば地域復興策に活用することは難くないはずである[11]」。そのための提言として、①消費者のニーズと消費者心理に関する情報を収集、分析できるマーケティング力を持った組織が関与すること。②ヒトが地域を創りあげることを常に意識し、多くの人びとを巻き込み、心の豊かさを追求すること。③ごく少数のキラーコンテンツ（与救世主）に依存し過ぎているように思われる。地域・資源・産業・住民・消費者・観光客が全体として、価値を形成出来るように共同・協働すること。④サブカルチャーを効果的に活用することが大切である[12]。

8)　同上、4-18 頁。
9)　同上、12 頁。岡本健「コスプレイベントを田舎で開催 地域おこし隊のアイデア生かす」『日経グローカル』第 252 号、2014 年、56-57 頁。
10)　茶野下貴寛・佐久田昌治「地域復興におけるサブカルチャー戦略」『年次学術大会講演要旨集』第 27 巻、2012 年、342-343 頁。
11)　同上、344 頁。
12)　同上、346-347 頁。

※増本貴士「地域共創と地域振興で取り組む地域に根差したコンテンツビジネス―奈良県吉野町でのサブカルチャーイベントを事例に―」『奈良県立大学研究季報』第29巻 第1号、2018年。

　麻雀漫画「咲 -Saki- 阿知賀編 episode of side-A」の舞台地である奈良県吉野町の公民館で「吉野アニメ聖地巡礼フェスタ」が開催された。20から40代の男性が中心となり、300名以上の参加者は声優トークショーやグッズ販売等を楽しんだ。[13]

　地域共創と地域復興の視点から、①舞台地（奈良県吉野町）の地域住民や地元企業等と連携すること、②ファンがその地域で消費行動すること、③継続的にイベントを行うことが求められる。[14]

　この度のイベントが成功裏に終わった要因として、参加するファンが吉野を愛し、イベントの事情を理解し、特に、協力的な消費行動をとったこと。自然な形での地域住民と企業、ファン、運営陣の互恵関係が形成出来たことである。[15]

※杉山武志・元野雄一・長尾謙吉「大阪の日本橋地区における『趣味』の場所性」『地理学評論』第88巻 第2号、2015年。

　2014年10回目を迎えた「日本橋ストリートフェスタ」には24万人が参加した。アニメやゲームのキャラクターの衣装をまとい、歩行者天国となった日本橋を闊歩した。日本橋にある商店街や町内会に民間企業も加わり、資金面や企画面で民間が中心となった。[16]

　まちづくり活動として、日本橋全体の店舗や情報を紹介する案内所の設置、雑誌『日本橋メディア』の発行がなされるようになった。ロボットパーツ店「ロボットファクトリー」創業の支援がおこなわれ、新たな集積の魅力を追加する動きにもつながった。日本橋は元来パーツやパーツを組み立てた商品を販売す

---

13)　増本貴士「地域共創と地域振興で取り組む地域に根差したコンテンツビジネス―奈良県吉野町でのサブカルチャーイベントを事例に―」『奈良県立大学研究季報』第29巻 第1号、2018年、1頁。
14)　同上、3頁。
15)　同上、5-6頁。
16)　杉山武志・元野雄一・長尾謙吉「大阪の日本橋地区における『趣味』の場所性」『地理学評論』第88巻 第2号、2015年、169頁。

る店舗が主流であったことから、その再生を目論んでいるとも理解される[17]。

サブカルチャーに対する経営者の柔軟な対応は素晴らしいものがあり、学習や振興を図るための非営利組織も立ち上げられ、サブカルチャーを軸に新たな供給者の集積につながる努力をしている[18]。

※和田崇「オタク文化の集積とオタクの参画を得たまちづくり−大阪・日本橋の事例−」『経済地理学年報』第60巻 第1号、2014年。

オタク文化への関心について、中部産業活性化センターは名古屋市の大須商店街に集積するオタク文化を活用した中京圏の観光振興方針を検討している[19]。又、日本橋では、オタクの街を目指したまちづくり会社が設立される程の勢いがある[20]。

オタク文化形成に関する特徴として、オタク商品の流通量は少ないため、商品に関する知識・情報が豊富な店員による消費者へのコミュニケーションが販売の鍵を握っている。特に、店員と消費者の両者がコミュニケーションを楽しんでいるところにオタク文化形成の原動力のひとつがある[21]。又、電子掲示板やmixi を活用し、個別テーマ毎に情報の発信や交流が行われ、参加者同士が日本橋に集まり、対面で交流する動きもみられる[22]。

日本橋振興の主な事業は案内所運営、冊子制作、イベント開催、キャラクター制作、起業支援である。2006 年にオープンした日本橋総合案内所では、地図が配布されたり、スタッフによる来街者からの問い合わせへの対応がなされている。2005 年から始まった日本橋振興主催のストフェスは毎年3月に開催され、毎年約20 万人を集客している。堺筋が歩行者天国となり、約3,000 名のコス

---

17) 同上、171 頁。

18) 同上、173 頁。

19) 中部産業活性化センター『観光におけるサブカルチャーコンテンツの活用に関する調査研究』中部産業活性化センター、2009 年。

20) 佐々木義之「従来型商店街から創造商店街へ−日本橋における実践と提言−」『創造都市研究 e』第3巻 第1号、2008 年。佐々義之「日本橋−創造商店街へ−」塩沢由典・小長谷一之編著『まちづくりと創造都市−基礎と応用−』晃洋書房、2008 年、135−146 頁。

21) 和田崇「オタク文化の集積とオタクの参画を得たまちづくり−大阪・日本橋の事例−」『経済地理学年報』第60 巻 第1号、2014 年、26 頁。

22) 同上、28 頁。

プレ愛好者が参加している。大阪市は2006年度から2009年度までストフェス
に補助金を支出する程であった。2010年度、日本橋筋商店街振興組合は日本
のサブカルチャーを海外に発信することを目的とした日本橋ポップカルチャー
フェスティバルを開催し、地域商業活性化事業の補助金を国から受けた[23]。

「日本橋ではオタクを集客対象としたまちづくりが、商業者を中心に2000年
代半ばから行われるようになった。・・・商店街振興組合のキーパーソンが、
オタクの街・日本橋の磁力に惹きつけられて集まった若者を巻き込み、彼らの
意欲とアイデア、行動を引き出し、後押しするかたちで展開された[24]」。

**※牧和生「共感をきっかけとする文化創造—アニメオタクの認知を中心に—」『青山社
会学会紀要』第40巻第1号、2011年。**

美水かがみ原作の「らき☆すた」は聖地巡礼の代表であり、経済効果が大きく、
オタク愛好家と地域住民との継続的交流による町おこしの代表例となった[25]。

オタク文化にみられる「特定の分野に対するこだわりや限定的な消費はこの
オタク的な視点によるところが多い[26]」。

「財やサービスの供給者側がこだわりを持って、生産や供給をしなければオ
タクはその財やサービスに対して共感せず、熱中はしない。・・・それをオタ
クは進化した視覚で評価し、共感するのである[27]」。

第2節　既存文献の整理と補足

オタクは大きな経済効果だけでなく、社会的効果ももたらす地域活性化の
重要な手段のひとつである。秋元康がプロデュースしたAKB48の最初は秋葉
原の小さな劇場で始まったが、それは各地方に波及し、栄のSKE48、難波の

---

23) 同上、30-31頁。
24) 同上、32頁。
25) 牧和生「共感をきっかけとする文化創造—アニメオタクの認知を中心に—」『青山社会学会紀要』
　　第40巻第1号、2011年、112頁。
26) 同上、113頁。
27) 同上、113-114頁。

NMB48、博多の HKT48、新潟の NGT48、乃木坂 46、欅坂 46 という広がりをみせた。一番の魅力が身近な存在であるそれらのアイドルグループはレコードトップ売上を獲得する程の勢いがある。

　以前から日本のアニメに対する外国人の評価は高く、直上に挙げたアイドルグループよりもより早くより広く多くの人々に受け入れられていた。アニメは身近なオタク的要素であると考えられる。聖地巡礼はその基盤に沿ったものであり、特定地域への交流人口の増加は賑わいそのものを創出する重要なものである。経済効果は社会的な人の集まりなくして得られることは難しいと考えられるからである。

　経済効果や社会的効果を創り出す原動力はオタクに関する価値観の共有であり、各自の内に秘めるパワーの発揮である。オタクが相対的に占める割合は決して高くない。もしそれを少数派とするのであれば、オタクであることを表明することに精神的な負担を感じるのが一般的ではないか。しかし、オタクであることを気持ち良く表現出来る場にあって、価値観を共有出来る者同士が様々な形でコミュニケーションを形成出来ることは各自の大きな喜びに直結するものと考えられる。その総体としての力は非常に強く、多様な効果を生じさせている。今日、用語「オタク」は明確な力強い価値観を示すものであると言えよう。

　コスプレイベントの力は今日誰もが認めるものである。例えば、倉敷市では「COS-LOG」[28]、名古屋市では「コスフェススペシャル NAGOYA in Maker's Pier」[29]のように、公的団体でも積極的にそれを受け入れる環境にある。日本橋のイベントはその最も代表的なものである。コスプレイヤーと撮影者は賑わいの中核となり、それを周りから眺める観衆も楽しませる。京都にみられる一般客による着物の着用や芸者、人気テーマパーク内にみられるキャラクターのコスプレ、ハロウィンの仮装等もそれと同様である。コスプレの服装をまとった一般の人たちは撮影を快く受け入れ、全体としての賑わいになる。京都の事例にあっ

28) COS-LOG ホームページ、http://cos-log.com、2021 年 6 月 27 日閲覧。
29) コスフェススペシャル NAGOYA in Maker's Pier ホームページ、https://www.youyou.co.jp/cosfes_sp/、2021 年 6 月 27 日閲覧。

て、服装それ自体は地域にレンタル料金という形で経済効果をもたらすだけでなく、社会的効果も生じさせる非常に効率的な手段である。コスプレイヤーは社会的地位だけでなく、経済的地位をも十分に得ている。

　百貨店にみられたシャワー効果的な発想は今日でも非常に重要である。施設内での滞在時間の延長が売上の増加につながるものであり、郊外型総合施設を有するスーパーの基本原理でもある。品揃え形成によるワンストップショッピング効果は基本であるが、商品購買以外の要素をふんだんに取り込むことで、衝動買いを促進する機会も得るからでもある。各店舗、各施設の滞在時間を少しでも長くする工夫は大切である。

　多様な消費者ニーズを念頭に置けば、多様な要素を揃えること、品揃えの幅と深さのバランスは大切である。又、そのような空間をマネジメントする主体の存在も重要である。

第3節　大学貢献の可能性

　筆者は前任校において、チャレンジショップを運営した経験がある。靴の卸売企業にある在庫品を激安で委託販売すること、ブームが到来する以前、ご当地インスタントラーメンを豊富に品揃え販売すること、地域イベントに参加することが主な活動であった。その活動を通して得た大きな経験がある。①学生が日々活動する店舗がひとつでも商店街にあると新たに開店する店舗が増える。自然発生型商業集積の原理が実証出来た。②特定地域や団体からの依頼を受けて活動を開始するという形態が一般的であると思われる。しかし、戦略的に検討を重ね、どの地域でどのように活動すべきなのかを事前に検討し、その後、その地域関係者との調整を図ることが重要である。地域貢献する地域を大学がマーケティングするということである。その理由は地域貢献による成果が短期間に得られる必要があるからである。地域と大学のことだけを考えれば腰を据えた活動の重要性は否定出来ない。しかし、地域貢献活動をあくまでも学生への教育サービスの一貫と前提すれば、短期間に小さくとも明確な成果を得

ること、翌年度にはその成果とは異なる新たな成果を得るように目標を設定し実行することが求められる。③地域貢献では過去にその地域ではなし得なかったモノや事を創造することによって、高い評価を得ることは地域住民だけでなく、学生のモチベーションを高めることになる。テレビ局の取材を複数回受けたが、打ち合わせから撮影まで、筆者がサポーターとして同席するものの、担当者との対応は全て学生に任せた。もちろん、筆者は撮影されないようにした。それらも学生にとっての大きな経験となったのではないか。

　流通・マーケティングを専門とする筆者にとって、地域貢献は理論の実践への適用・応用の対象である。紙幅の関係から理論的根拠、論理的必然性を割愛するものの、現在、検討している対象について、少し具体的に期待する企画を示しておく。

　鳥取県倉吉市にある白壁土蔵群（写真）を中心として、明倫地区、関金温泉、三朝温泉、鹿野の城下町、泊・夏泊沿岸地域を統合的資源に位置付け、観光客にアプローチするという構想を検討している。ただし、記述は紙幅の関係から

写真　白壁土蔵群

出所：筆者撮影。

白壁土蔵群地区に限定する。なぜこの地域を選択したのかということから述べておこう。蒜山に比較的大きな兼業農家が管理する程度の圃場がある。2021年度は菊芋、ダイコンをメインに栽培している。圃場で収穫された野菜の販売所の確保も兼ねて、活性化が成果として表れやすそうな地域を探していた。倉吉市を選択した一番の理由は店員の消費者に対する対応が明るく元気であるということである。非常に単純なことであるが、最も基本的であると考えるからである。地域を活性化させる核は地域住民だからである。共通の目標に向かって協働・共同する土壌が整っていると推察される現象として、アニメキャラクターの利用が各店舗で、特に、それが似つかわしくない店舗にも積極的にみられることである（写真）。住民らが出資した民間会社は円形校舎としては日本最古である小学校の建物を市から無償譲渡を受けて「円形劇場くらよしフィギュアミュージアム」として運営している（写真）。老舗フィギュアメーカーの「海洋堂」、倉吉市に初の国内工場を設置したフィギュア制作会社大手の「株式会社グッドスマイルカンパニー」、鳥取県米子市に拠点を構えポップカルチャー

写真　萌キャラクター

出所：筆者撮影。

写真　円形劇場くらよしフィギュアミュージアムの建物

出所：筆者撮影。

を発信している「米子ガイナックス」の3社による全面的な協力を受け開館が実現した。鳥取県が誇る複数の漫画家がアニメキャラクターの名探偵コナン、ゲゲゲの鬼太郎を生み出した。それらが期間限定の企画展に活用されている。共通の価値観を形成し、人的資源が有機的に結合されているように感じられたためである。

　地域活性化は経済的な潤いをもたらさなくてはならない。但し、公的な資金の投入による経済効果は一過性のものが多く、本来的な、持続的な活性化は地域経済の自立的なものでなくてはならない。経済的な活動は消費者・観光客のその地域への誘導が必要となる。地域としての魅力が土台となり、社会的な賑わいの成立を前提として、経済的な賑わいに発展するというプロセスが様々な事例から示唆される。

　社会的な賑わいをどのように生じさせるのか。又同時に、それが経済的な活動も合わされたものとしてどのように形成されるのか。歴史的産物である商業

集積の形成の論理は大切である[30]。紙幅の関係から結論だけ述べるが、実際には資本を形成しないような零細資本、個人の生産者や販売者の集合体を形成させるようにする。平均所得が低下する今日、様々な小規模ビジネスが発生すると同時に、それを活用しようとする主体も存在する。例えば、道の駅にみられるような公的な施設の片隅において、個人が生産した菓子、自家焙煎したコーヒーを販売するような光景を頻繁に見かける。生産者による農産物の販売は各地の定期市を形成している。

　白壁土蔵群地域にある既存店の店先で上記のような生産者・販売者（これ以降、販売者と表記する）が消費者に対面する。出店は週末、祝祭日である。各店舗の店先には特定の販売者が継続して使用することが理想である。店舗と販売者が連携・協力するためである。店舗内への案内を販売者が積極的に担い、逆に雨天の場合、販売者に代わって店舗側が販売を代理するという関係である。繰り返せば、販売者は気軽に店舗内をみてもらうように、店舗は販売者の常連客に対する商品の受け渡しを代理するような関係である。地域活性化のターゲットの多くは観光客が想定されているのではないか。それに対して、我々は地域住民を基本的なターゲットとする販売者の集積をそこに予定する。地域住民をターゲットとする理由は長期間継続してその地区を訪れる顧客になるよう販売者が関係作りをしてもらいたいからである。それは継続的な賑わいを形成するためである。賑わいがある所に人は自然と集まるからである。その代表的な表現の好例は「行列のできる店」である。

　国登録有形文化財である豊田家住宅は狭い空間を有効に活用し、四季を楽しめる工夫がなされた素晴らしい建築がなされている（写真）。又、その施設では様々な催しが開催されている。しかし、案内して頂いた方は多くの観光客が外から眺めるだけで中には入ろうとしないという話をされていた。サービス財は経験財であるため、施設内に入ることが躊躇されるのである。建物・施設の前に看板等を設置し、QRコードを表記し、それを読み込んでもらうことで、

---

30) 石原武政「売買集中の原理と商業集積」『経営研究』第50巻 第1・2号、1999年。石原武政『商業集積における管理と競争』『経営研究』第50巻 第3号、1999年。

写真　国登録有形文化財の豊田家住宅の庭

出所：筆者撮影。

中の様子を疑似見学出来るようにすることはひとつの方法である。又、それを視聴する観光客が存在すること自体も賑わいのひとつにつながる。

　鳥取県のアニメの促進・普及、特に、倉吉市の取り組む姿勢からすれば、オタク文化をもっと力強く推進してもいいのではないか。販売者の事例として、コスプレ・メイクのコーナーでは実際にコスプレイヤーがメイク指導するというサービスがあってもいいのではないか。もしそのようなコーナーが複数出来たならば、自分がしてみたいコスプレのイメージに合わせたメイクをしてもらえそうなコーナーを選択出来るという楽しみが増える。それを機会にコスプレをしてみたかったという気持ちを顕在化させることも可能であろう。服のリメイク・コーナーもそれと同様にある。

　メイクやリメイクに関して、その過程を YouTube にアップすることがあってもいいのではないか。客が被写体になることで YouTube の内容を豊富にするという考えである。又、多様な具体的なアイデアを YouTube で紹介出来るのではないか。

　コスプレイヤーの撮影があってもいいのではないか。店舗側は施設内の魅力ある撮影場所を積極的に提供し、撮影者の了解を得られた写真を店内に貼り付けたり、アルバムにするのもいいのではないか。それらの要素は訪問者の滞留時間を引き延ばすことになる。円形ミュージアムは代表的な撮影場所になるのではないか。大人も懐かしい制服を着て撮影するのもいいのではないか。

　ミュージアムでは教室のセッティングがされている（写真）。弁当を食べる様子、授業を受ける様子等、多様な場面がイメージされる。それらを商品やサービスと合わせて提供することがあってもいいのではないか。団体を対象にすることも可能であろう。

　管理上の問題は解決したという前提にあって、公園や空き施設の積極的な活用があってもいいのではないか。例えば、カフェ、焼き鳥等の屋台、中学・高校・大学・一般によるライブが開催されてもいいのではないか。

　筆者が農産物の販売先にしたい施設での企画を述べる。銭湯では日本で最初に登録された登録有形文化財である大社湯（写真）の店先で筆者は販売をして

写真　円形劇場くらよしフィギュアミュージアムの教室

出所：筆者撮影。

写真　大社湯

出所：筆者撮影。

みたい。筆者は地域活性化に係わって各地を視察・調査しているが、銭湯が非常に少なくなっている。自宅に風呂が設置されるようになったことがその大きな要因であるが、スーパー銭湯の登場が更に追い打ちをかけている。銭湯はコミュニケーションのひとつの場であったことから、銭湯の廃業は夕方の地域住民のコミュニケーションの機会を減らしている。大阪市の昔からの住民は自宅に風呂あろうとも銭湯に行くという文化が根強く残っているため、多く残っている。趣のある大社湯は経験してみる価値が十分にある。一番初めに登録されたことを店主から聞いた時、私は店主に頻繁に行く伊賀市にある一乃湯の話をした。一乃湯は二番目に登録されたと聞いて少し誇らしく感じた。筆者はこの店舗で野菜を販売出来るのであれば、銭湯の話題を客にしながら、客がジャンケンで私に勝てば無料の入浴券を提供したい。

　白壁地区は面積的には広くはないが、逆に密度的に高くなるという面を活かし、賑わいを形成することが効果的だと筆者は考える。

おわりに

　時間の経過に伴い社会経済の様相は変化する。白石善章の見解に従えば、社会、我々消費者の行動、又は、その根底にある消費に対する姿勢は市場の様相を形づくる。オタクという元来少数派の楽しみを広く認める社会的環境は市場に対する姿勢にも関係する。過去にあって、自己表現の手段として、個性的なアパレルブランドを着用したものである。近年では誰もが日常的に着用するブランドを個性表出手段に用いることがある。繰り返せば、至る所で見られる同じ服であっても、自分なりの着こなしによって、個性を表現しているのであろう。明確な差を示すことが個性であると認識していた時代からすれば、より内面的な観念的な側面に個性の表出がなされるようになったのかもしれない。

　そのような個性の集合体は魅力ある社会を形成するのではないか。その点からすれば、地方の地域における社会経済の方向性は経済成長を一義的に志向するのではなく、豊かな生活を過ごすことの出来る社会、精神的な豊かさに満ちあふれた地域の形成にあると我々は考える。

31）白石善章『市場の制度的進化─流通の歴史的進化を中心として─』創成社、2014 年。

第9章 地域活性化とコミュニティ・ビジネス

はじめに

　近年、我が国では医療・福祉子育て支援、環境保全、商店街の衰退、空き家の増加、高齢者の孤独死など、さまざまな社会的課題が顕在化している。これまで、これらの課題の多くは、行政が主体となって解決・改善のために取り組んできた。しかし、昨今の行政の財政難による人員削減やコスト軽減が求められる中で、行政が主体となり、社会的課題の解決・改善を行うことは困難な状況になっている。このような状況下で、市民が立ち上がり地域社会における課題を解決しようとする動きがみられるようになった。それはボランティアとしてではなく、NPO法人や企業、中間法人、ワーカーズ・コレクティブ、市民などが主体となり、ビジネスの手法を取り入れ、事業活動を行うコミュニティ・ビジネス（CB）やソーシャル・ビジネス（SB）である。

　そこで本章では、コミュニティ・ビジネスの概要および課題について先行研究を中心に整理するとともに、実際に企業にインタビュー調査することで、その実態についてみていく。

第1節　コミュニティ・ビジネスとソーシャル・ビジネスの概要

　まず、ここでは、コミュニティ・ビジネスとソーシャル・ビジネスの用語の整理について行う。ソーシャル・ビジネスは、ノーベル平和賞受賞者のムハマド・ユヌス氏が提案した制度であり、その目的は、商品やサービスの製造・販売な

ど、ビジネスの手法を用いて社会問題を解決することである[1]。また、経済産業省のソーシャル・ビジネス研究会報告書によると、ソーシャル・ビジネスを「社会的課題を解決するために、ビジネスの手法を用いて取り組むものであり、社会性（現在解決が求められる社会的課題に取り組むことを事業活動のミッションとすること）、事業性（社会性のミッションをビジネスの形に表し、継続的に事業活動を進めていくこと）、革新性（新しい社会的商品・サービスや、それを提供するための仕組みを開発すること、また、その活動が社会全体に広がることを通して新しい社会的価値を創出すること）の要件を満たす主体[2]」としている。さらに、土肥氏は、「ソーシャル・エンタープライズを広く社会的な事業領域にかかわる事業体とし、それらが社会的ミッションと事業収益活動の双方を直接に結びつけている事業をソーシャル・ビジネス[3]」としている。

つぎに、コミュニティ・ビジネスについてみていく。細内氏はコミュニティ・ビジネスを、「地域コミュニティを基点にして、住民が主体となり、顔の見える関係のなかで営まれる事業。地域コミュニティで眠っていた労働力、ノウハウ、原材料、技術などの資源を生かし、住民が主体となって、自発的に地域の問題に取り組み、やがてビジネスを成立させていく、コミュニティの元気づくりを目的とした事業活動のこと[4]」と定義している。また、コミュニティ・ビジネス普及の中核を担ってきたコミュニティ・ビジネス・ネットワークでは、「地域が抱える問題に対して、地域に暮らす生活者が主体となり、地域の資源を用いてビジネスの形態で解決すること[5]」をコミュニティ・ビジネスと定義し、その特徴として、①「顔の見える関係」をベースに住民主体の地域密着のビジネス、②必ずしも利益追求を第一とせず、適正規模を目指して展開していくビジ

1) ムハマド・ユヌス『ソーシャル・ビジネス革命−世界の課題を解決する新たな経済システム−』早川書房、2010 年、31 頁。
2) ソーシャル・ビジネス研究会『ソーシャル・ビジネス研究会報告書』経済産業省、2008 年、3 頁。
3) 土肥将敦「『ソーシャル・ビジネス』概念の形成と課題：英国 Big Issue のストリート・ペーパー事業を中心に」『一橋論叢』第 132 巻第 5 号、2004 年、771 頁。
4) 細内信孝『新版コミュニティ・ビジネス』学芸出版社、2010 年、12 頁。
5) コミュニティ・ビジネス・ネットワーク『コミュニティ・ビジネスのすべて−理論と実践マネジメント−』ぎょうせい、2009 年、21 頁。

ネス、③営利を目的とするビジネスとボランティア活動との中間領域的なビジネス、そして④グローバルな視野で考えながら地域に根ざした形で実行するビジネス、以上の4点をあげている[6]。さらに、藤江氏はコミュニティ・ビジネスを、「地域社会に足場を置き、地域社会に貢献する市民事業[7]」と定義し、その役割を、①地域の問題解決、②地域の雇用創出、③地域住民のコミュニケーションの活性化、④生きがいの創出としている[8]。そして藤田氏はコミュニティ・ビジネスを、「地域の住民が地域の問題の解決を継続的なビジネスの形で展開し、地域内の資源を活用しながら、その利益を地域に還元することによって地域を活性化しようとする事業[9]」と定義している。その他、阿部氏はコミュニティ・ビジネスを、「地域の問題を地域住民と共に解決する手法[10]」とし、その特徴として、活動を継続的・安定的に遂行するビジネスの視点・手法を導入している点をあげている。藤江氏は、コミュニティ・ビジネスにおける事業の対象領域の範囲について、生活者を起点とした事業展開が基本であり、徒歩・自転車圏または市町村レベルが妥当としている[11]。最後に関東経済産業局の定義をみると、「地域の課題を地域住民が主体的に、ビジネスの手法を用いて解決する取り組み[12]」とし、「地域課題の解決を『ビジネス』の手法で取り組むものであり、地域の人材やノウハウ、施設、資金を活用することにより、地域における新たな創業や雇用の創出、働きがい、生きがいを生み出し、地域コミュニティの活性化に寄与する[13]」としている。

　以上、ソーシャル・ビジネスとコミュニティ・ビジネスの定義についてみて

---

6)　同上書、26頁。

7)　藤江俊彦『コミュニティ・ビジネス戦略−地域市民のベンチャー事業−』第一法規出版、2002年、70頁。

8)　同上書、74頁。

9)　藤田安一「コミュニティ・ビジネスが切り拓く地域づくりの可能性」『地域学論集』第2巻 第1号、2005年、13頁。

10)　阿部圭司「コミュニティ・ビジネスへの起業支援に関する一考察−岩船地域の事例−」『産業研究』第41巻 第1号、2005年、60頁。

11)　藤江俊彦、前掲書、101頁。

12)　経済産業省関東経済産業局HP、https://www.kanto.meti.go.jp/seisaku/cb/index.html、2021年6月20日参照。

13)　同上。

きた。両者の特徴は、ビジネスの手法を用いて社会的課題を解決することが目的であるという点で一致している。また、コミュニティ・ビジネスがある一定範囲内の地域を事業領域にしているのに対し、ソーシャル・ビジネスは国内に限定していない。このことから、ソーシャル・ビジネスとは、事業の対象領域を限定せず、さまざまな社会的課題の解決を目的とする社会性・事業性・革新性を持つ事業であるのに対し、コミュニティ・ビジネスは、国内のある特定地域を事業の対象とし、地域的な課題をその地域住民が主体となり、ひいき資源の活用とビジネスの手法を用いて解決し、その利益を地域に還元することである。

第2節 コミュニティ・ビジネスの組織形態と効果

関東経済産業局によれば、組織形態、活動分野とも特に決まったものはなく、NPO 法人が比較的多くを占めるものの、個人、会社組織、組合組織など様々な形態が存在し、また、まちづくり、環境保全、介護・福祉、IT、観光、地域資源活用、農業、就業支援など、あらゆる分野に活動が広がっている。[14]

図表9-1によると、2017年の9月時点で活動分野の多い順に、全国では「保険・医療・福祉」、「社会教育」、「NPO 支援・助成」、三重県では、「保険・医療・福祉」、「まちづくり」、「子どもの健全育成」となっている。2008年のソーシャル・ビジネス研究会が調査した活動分野でも、多い順に「地域活性化・まちづくり」、「保険・医療・福祉」、「教育・人材育成」であった。[15] このことから、地域的な課題の多くは、「保険・医療・福祉」、「まちづくり」、「教育」といえる。ただし、2008年の調査と比較すると、2017年は少子高齢化の進展の影響により、「保険・医療・福祉」が上位になっており、この傾向は今後も続くものと予測される。

コミュニティ・ビジネスが受け入れられるようになった背景としては、①産業構造の転換に伴い、製造業を中心に繁栄してきた地域の衰退が著しいことか

---

14) 同上。
15) ソーシャルビジネス研究会、前掲書、34頁。

図表 9−1　2017 年 9 月時点の活動分野

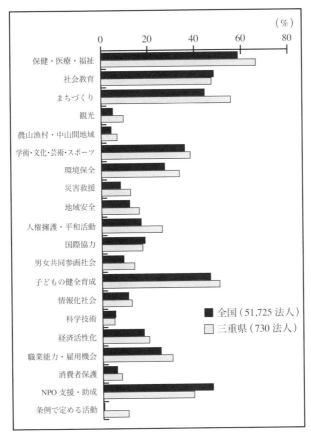

出典：畑中純一「三重県内 NPO の現状と少子高齢化社会における意義」『調査レポート』MIE
　　　TOPICS、2018 年、7 頁。

ら、地域社会や地域経済の活性化の担い手として注目を集めている点、②財政
状況の悪化により、地域社会の諸課題に取り組む新たな担い手として、コミュ
ニティ・ビジネスが位置づけられている点、③コミュニティ・ビジネスを雇用
増進のための手段、新しい産業の担い手として捉えている点の 3 つである。ま [16]

16）橋本理「コミュニティビジネス論の展開とその問題」『社会学部紀要』第 38 巻 第 2 号、2007 年、
　　9 頁。

たコミュニティ・ビジネスは、「特定の地域や顧客層対象の小規模な事業であれば、個人事業や小さなグループによる企業でも十分に対応することができるし、時代によるニーズやウォンツの変化に柔軟に対応することが可能」[17]と、その期待も高い。

コミュニティ・ビジネスに期待される効果としては、①人間性の回復、②社会問題の解決、③生活文化の継承・創造、④経済的基盤の確立の４点が細内氏によってあげられている[18]。また関東経済産業局においても、①地域課題解決のためのビジネスの場を形成することで、地域における創業機会・就業機会を拡大する効果、②地域住民自らが主導し実践することによって、地域社会の自立・活性化、地域コミュニティの再生などの効果、③活動主体たる地域住民にとっては、社会活動へ参画することで自己実現を図ったり、生き甲斐を得る機会の３点をあげている[19]。

第３節　コミュニティ・ビジネスの課題

ここでは先行研究におけるコミュニティ・ビジネスの課題についてみていく。

まず、遠藤氏は、①認知度を高めるための PR を促進すること、②資金や人材育成など多様な支援策を充実させること、③さまざまな組織間におけるパートナーシップを形成すること、の３つの課題を指摘している[20]。また宮坂氏は、コミュニティ・ビジネスの専従構成員に対して「相応の」労働対価を支払えるような事業でなければならないという資金面での課題、そして持続可能な経営という２つの課題について指摘している[21]。そして、ソーシャルビジネス研究会が実施した「ソーシャルビジネス・コミュニティビジネス事業者アンケート」

17) 藤江俊彦、前掲書、9頁。
18) 細内信孝、前掲書、22頁。
19) 関東経済産業局、前掲 HP。
20) 遠藤ひとみ「わが国におけるソーシャルビジネス発展の一過程−パートナーシップの形成に向けて−」『嘉悦大学研究論集』第 51 巻第 3 号、2009 年、69 頁。
21) 宮坂純一「コミュニティ・ビジネスとビジネス・エシックス」『奈良産業大学産業と経済』第 19 巻第 2 号、2004 年、42 頁。

によると、消費者・利用者への PR 不足、運転資金が十分に確保できていない、人材不足のために体制が確保できていない、外部機関との連携・協同を進めたい、経営ノウハウに乏しい、専門ノウハウ・知識が不足している、などの項目が課題として上位にある。[22]

　以上、コミュニティ・ビジネスの先行研究で取り上げられている課題をみてきた。先行研究やアンケート調査においても、①社会的認知度の低さ、②資金調達の困難、③人材不足、④経営ノウハウの欠如があげられている。そこで、つぎに活動分野の多いとされる「保険・医療・福祉」で、かつメディアや関連企業からも定評の高い、元気じるし株式会社にインタビュー調査を実施することで、コミュニティ・ビジネスの課題とその解決に向けた取り組みについてみていく。

第 4 節 「元気じるし株式会社」の事例[23]

1. 会社概要と設立の経緯

　元気じるし株式会社は代表取締役社長を務める石山純氏によって、2016 年 6 月に三重県四日市市大宮町に資本金 100 万円で設立された。同社の主なサービス内容は、①「見守りサービス」終活支援、身元保証・身元引受、任意後見、医療同意指示代行、死後事務委任、遺言・相続サポート、②「障害福祉サービス」居宅介護支援、重度訪問介護、移動支援、福祉有償運送、重症心身障害児・児童発達支援・生活介護、放課後等デイサービス、③「訪問医療マッサージ」訪問医療、鍼灸・あん摩マッサージ指圧、美容鍼、機能訓練の 3 本柱である。

　会社設立の発端は、石山氏の学生時代の葬儀社でのアルバイト経験によるものである。同氏は多くの方が参列する葬儀、独り身のため孤独死され、葬儀をあげず火葬のみのケースなど、さまざまな葬式に携わるなかで、葬式とはその

22）ソーシャルビジネス研究会、前掲書、10 頁。
23）この内容は 2021 年 7 月 23 日（金）14:00 ～ 15:30 に、元気じるし株式会社代表取締役社長である石山純氏へのインタビュー調査をまとめたものである。

亡くなられた方の「人生の答え合わせ」であると感じた。つまり、愛情あふれる葬儀、そうでない葬儀、亡くなられた本人に気遣う必要のない葬儀の時間は、亡くなられた方がどのような人生を過ごしてきたのかを表した「人生の答え合わせ」なのである。それは必ずしも、参列者の数、葬儀の金額、そして亡くなられた方の社会的地位などとは比例していない。このアルバイト経験を通じて、自分が亡くなった時には「あなたのお陰で幸せだった」と多くの方の愛情に包まれて旅立ちたいと考えるようになった。

　大学卒業後、地元の大手会計事務所に勤め、3年後、通信系営業会社に転職する。転職先の会社では順調に昇進し、管理部のトップである取締役管理本部長まで登り詰める。また、プライベートにおいても、結婚、子供、自宅の購入、すべて順風満帆だった。40歳を超えたころ、自宅で視聴していたテレビ番組で「高齢者の孤独死が増えている。今後、高齢化が進展し、独居高齢者や認知症の増加に伴い、孤独死は増加する。」という内容が報道された。同氏はこの報道に衝撃を受け、「日本は落とした財布が手元に戻るほどの世界に誇れる先進国の1つであり、そのような素晴らしい国へと成長させてきた貢献人であるべき多くの高齢者が、最後の大切な瞬間に誰にも看取られることなく死ぬという矛盾があっていいのか、国や地方自治体、民生委員、地域老人会、地域包括ネットワークは機能・活動しているのか、そして自分は安定した給与を得ながら、このような課題を見て見ぬふりをして生きていいものか」と何度も深く考えた。そのとき、学生時代の「人生の答え合わせ」という葬儀社でのアルバイト経験を思い出し、「不安な人、困っている人に対して役立つ仕事」に携わることを決意した。そして、独居の高齢者でも安心して元気に暮らせる仕組みを構築するため、2016年6月に「元気じるし株式会社」を設立することとなった。

　会社設立当初は、独居高齢者が安心して暮らすために、「緊急通報装置・人感センサー」を販売し、「自宅で問題が生じたら24時間駆けつける」という見守りサービスを始めた。しかし、会社の知名度と信頼性の低さから、1年間で10件程度の契約にしか至らなかった。その後もさまざまな失敗を経験し、会社の継続も危機に陥った。

　同氏に転機が訪れたのは、税理士・行政書士の資格を取得してからである。資格取得後は、終活の専門家として業務内容の幅が広がり、同氏が本当にやりたいと考えていた独居の高齢者への「見守りサービス」に取り組むことができるようになった。たとえば、独居高齢者が介護施設や入院の際に必要となる「身元保証」、判断能力がなくなった時の財産管理や身上監護を行う「任意後見」、本人の医療行為に対する同意を代行する「医療同意代行」、本人が死亡した際の葬儀・火葬・納骨・その他すべての手続きを行う「死後事務任意契約」など独居高齢者の悩みを家族代わりにすべて行えるように法的に整備した。

　さらに、障害者本人と家族が安心して暮らせるように、「障害福祉サービス」も手掛けるようになった。具体的には、在宅障害者を介護する居宅介護や生活介護、余暇の充実をサポートする移動支援、施設に通う児童の放課後の時間を預かる放課後等デイサービスなどである。特に、重度障害者の方に特化した少人数定員制で対応する仕組みを提供しており、少人数定員制は非常に人気が高い。現在は、障害者の両親が他界された後でも安心して暮らせる仕組みを提供するためのシェアハウスに取り組んでいる。

　その他、「訪問医療マッサージ」として、訪問医療や鍼灸・あん摩マッサージ指圧など、業務内容も創業から5年間で飛躍的に充実するようになった。このような急成長を遂げることを可能にしたのは、税理士・行政書士の国家資格であり、営業で各家庭を訪問した際、大手企業や有名企業という肩書がなくても、初対面の方に、話を聞いてもらうことができた。そういう意味でも国家資格の存在は大きかった。

　以上、会社概要と設立の経緯についてみてきた。つぎに、上述した①社会的認知度の低さ、②資金調達の困難、③人材不足、④経営ノウハウの欠如についてみていく。

2. コミュニティ・ビジネスの一般的な課題と解決策

　「社会的認知度の低さ」について、同社は2016年に創業した新しい会社である。そのため、社会的な認知度は低い。そこで同社は、口コミによる認知度の

広がりが信頼の証であると考え、口コミで認知度が高まることを重視した対策を講じている。また同氏は NPO 法人に所属し、ユニバーサルデザインの普及活動や子供食堂の活動を行うなど、社会貢献活動を行っている。さらに商工会議所や地方自治体からの終活や税金などの各種セミナーでの講師依頼も積極的に引き受けるように心がけている。その他、創業コンテストへエントリーしたり、新聞社やテレビ局からの取材の申し込みを受けたり、ラジオ CM を出すなど、少しでも会社の名前が社会的に認知されるような活動を行っている。同業他社には悪徳業者も存在しており、社会的な信頼性を高めるためにも「元気じるし」という会社名を多くの人に認知してもらう必要がある。

「資金調達の困難」について、すべての業務を遂行するにあたり費用が先行し、売上入金が遅れるため、資金繰りは常に課題である。しかし、これまで貯蓄してきた個人の資金、家族からの援助、そして銀行からの融資などで解決している。

「人材不足」について、障害福祉サービスに対する社会的ニーズは大きく、そのため日本はヘルパーの人材が恒常的に不足している状態である。しかし、同社は利用者の尊厳を守ることと同様に、スタッフの尊厳も重視しているため、スタッフの満足度が非常に高い。その結果、同社のスタッフが信頼のおける友人を、またその友人が他の友人を誘うことで、会社として求人募集をすることなく、スタッフが増えるという連鎖が起こっている。スタッフの募集に関わる費用をほとんどかけることなく順調にスタッフが増え続け、2021 年 7 月 23 日現在で 31 名が在籍するまでになった。

「経営ノウハウ」については、石山氏が国家資格を勉強する際に、経営についてある程度の内容を学習してきた。また知識の足りない部分に関しては、大手コンサルティング会社が開催するビジネスセミナーに参加して勉強するなど努力をしている。

最後に「現在の会社の課題」について、創業当初は、ヒト・モノ・カネ・情報という経営資源がゼロからのスタートであったため、現在、会社が存続していること自体が奇跡だと感じている。スタッフが 30 名を超えた昨今、細かい

課題は山積みではあるものの、創業当初の存続できるかといった課題と比較すると、軽く感じられるものばかりである。現在抱えている課題は、成長過程のなかで必要であると考えており、すべて想定内である。

おわりに

　本章ではコミュニティ・ビジネスの内容と課題についてみてきた。コミュニティ・ビジネスにおいては、①社会的認知度の低さ、②資金調達の困難、③人材不足、④経営ノウハウの欠如などの課題が一般的にあげられている。そこで、少子高齢化が進展する我が国において、「独居の高齢者」という1つの社会的課題の解決に取り組む「元気じるし株式会社」にコミュニティ・ビジネスの課題解決についてインタビュー調査を実施した。

　新型コロナへの対策のための費用により、我が国の財政はさらに悪化するものと考えられる。地域の課題解決のために、コミュニティ・ビジネスへの期待は高い。「元気じるし株式会社」が実施している課題解決に向けた取り組みが、他の企業の1つの参考になればと願う。

謝　辞

　本章を作成するにあたり、快くインタビューや資料を提供してくださった元気じるし株式会社の代表取締役社長の石山純様に心より感謝申し上げます。

補章1　大学教員による実践教育と就職指導

はじめに

　非営利組織は営利組織としては成立が困難な性格にある組織を社会的な実体として存続させるための形態である。国民全体の健康を維持するための皆保険制度の実質的担い手である診療所や病院、教養や実践力を学ぶための学校は非営利組織の代表であるが、そのような組織であっても実質的な倒産に追い込まれる時代となった。

　筆者は大学教員として、一般企業にみられる市場の原理が非営利組織における市場にも影響を及ぼす現実をどのように受け止めるのかという視点を述べておこう。非常に厳しい見解であるが、倒産に追い込まれた非営利組織は社会的有用性が低かったと理解される。逆に、一般的な営利企業は社会的有用性が高くなくとも、高い収益を得ることがある。多くの非営利組織は基本的に立地産業であることから地域社会との関係を大切に、社会的有用性の視点から行動がなされなければならない。

　筆者は流通・マーケティングを基礎として、サービス・マーケティングも研究対象にしている。前者は経済学の特殊領域と認識される商業経済論・マーケティング経済論を基礎として、後者はマーケティングとの係わりから体系化を試みている。それらは抽象化された表現がなされることが多く、経営学的研究、それはより実践性を求める立場からの批判を受けることが頻繁にある。しかし、抽象論は本質であり、経営管理者にとって、非常に重要な実践性のある戦略的次元の内容である。

　筆者は原理論的研究だけでなく、それを土台とした実践的研究や実務書の執

筆も積極的におこなうことによって、自らの研究の実践的妥当性を検証しているつもりである。

　以下にある兼業農家の自立的経営に向けてのモデル構築に関する研究は文部科学省 2017 度私立大学研究ブランディング事業「『寄り添い型研究』による地域価値の向上」において、活動情報の記録、文書作成、アンケート調査費用に限って助成を受けたものであり、実践と実験の費用は実践者のひとりとして、筆者自身が負担したことを明記する。[1]

第1節　フィールドワークの事例

　紙幅の関係から、事例にある筆者の関心に限定して紹介する。

1）表町商店街でのクリスマス・イルミネーション・イベント[2]

　企画の立ち上げ、補助金の申請、ボランティア・スタッフの募集、イベント実施等、一連の活動を比較的短期間ではあっても、継続しておこなうことは大変だったであろう。約 40 人の学生と生徒がスタッフとして集まり、イベントは好評であったようだ。年末におけるボランティアの募集活動、高校や専門学校の生徒による商品販売の実施までの様々な活動は中心的学生の主体的行動なくして成立しなかったであろう。主体性と行動力と企画力を学ぶイベントであったと筆者は思う。

2）岡崎市中心商店街の活性化[3]

　3 つのゼミが共同し、回遊行動調査、調査報告、活性化案の検討、商店主へのインタビュー、商店主に対する提案発表をおこなった。学生による提案が実

1)　拙稿「農業経営における流通重視への取組み−兼業農家を対象として−」井尻昭夫・大﨑紘一・三好宏編著『「寄り添い型研究」による地域価値の向上』大学教育出版、2021 年。鳴滝善計・蒲和重・松井温文・井尻裕之・佐々木昭洋・渡辺寛之「高校生の金融リテラシー教育と岡山商科大学：課題と展望」井尻昭夫・大﨑紘一・三好宏編著『「寄り添い型研究」による地域価値の向上』大学教育出版、2021 年。

2)　佐々木公之『『大学生まちづくりチャレンジ』を通じての地域活性化−表町商店街でのクリスマスイルミネーションとイベント−』『中国学園紀要』第 17 号、2018 年。

3)　龍田建次・丹羽誠次郎・上田裕「問題解決型演習授業を通して見られた学生の変化−岡崎中心商店街の活性化をめぐる事例報告−」『愛知学泉大学・短期大学紀要』第 48 号、2013 年。

践されることになり、商店街側だけでなく、学生にも大きなモチベーションになったようだ。学生が大学周辺の商店街への関心を持つ契機として重要だと筆者は認識する。

3）飯塚市中心市街地での意識調査[4)]

商店街店主と住民から商店街に関する情報を収集した後、商店主へのヒアリング調査をおこない、提案する企画であった。学生は商店街全体のイメージ向上ではなく、魅力ある個店が全体として商店街の魅力になることの大切さを学んだとのことであり、商業集積の原理を実践から経験的に学んだ事例である。

4）北海道離島でのフィールドワーク[5)]

地域住民からの様々な要望に対する「お手伝い」、交流会、学生が提案したプロジェクトとクラウドファンディングの実施等がおこなわれた。企画実施に係わる地域住民との交渉は実践力を養う重要な場であったようだ。

5）和歌山電鐵の取り組み[6)]

周辺特産品であるイチゴをデザインにした「いちご電車」、カプセルトイ（ガチャガチャ・ガチャポン）の機械が車内に設置された「おもちゃ電車」、貴志川線の名物「たま駅長」等、ユニークな取り組みがなされている。たま駅を中心とした観光モデル・ルートを家族向け、若者向け、歴史・古墳ファン向け、外国人向けに、それぞれ企画した。多様な利用者のニーズに合わせて検討することは企画力を高めるために重要である。

4)　長谷川直樹「大学教育でのフィールドワークによる地域に対する意識形成の効果に関する分析−飯塚市中心市街地の事例研究−」『日本建築学会技術報告集』第 26 巻 第 62 号、2020 年。

5)　大貝健二・水野谷武志・朝妻裕「学生フィールドワークは離島に何をもたらし得るか」『経済地理学年報』第 65 巻、2019 年。

6)　松浪由佳・田辺祥子・荻彩音・東悦子「調査報告 地域の活性化とたま駅長−和歌山電鐵貴志駅へのフィールドワークを通して−」『観光学』第 5 号、2011 年。

第2節 実践教育

　筆者は実践教育として、「兼業農家の自立的経営のモデル構築」をおこなっている。本務校には、家族や親族が農地を所有し、将来兼業農業をおこなえる学生が比較的多い。それだけでなく、地元での就職と兼業農業を希望する受験生を確保するための活動でもある。特に、農業高校での知識や経験を活かし、農業実践教育を受けた学生が農協・農機具会社、食品関連会社を中心に、地元企業への就職を目指すことを想定している。

　農業は農学系の大学や学部で専門に研究・教育されている。それに対して、経営学部に所属する筆者は流通・マーケティングの視点からモデルの構築を試みている。

　農学系では実施される可能性が低いと思われる農作業や実験もおこなっている。例えば、電気柵以外、複数のイノシシ被害対策方法に関する対応許容範囲の検証、複数の圃場それぞれの特徴を活かした栽培、費用節約の方法も検証している。圃場は大学付近だけでなく、岡山県北蒜山高原、兵庫県加古郡にも確保し、専業農家との共同事業もおこなっている。

　実践教育の事例を以下に紹介する。「共同」ではなく「協働」する仕組み作りを試みている。誤解のないように、「共同」「協働」の違いを確認しておく。筆者は「共同」が一緒に作業を、「協働」がそれぞれ適切な役割分担をしながら共通の目的に向かって作業をするという認識にある。我々は授業の関係もあり、日常的な出荷作業をおこなうことが困難である。もちろん、専業農家の指導の下に農作物の栽培をおこなうものであり、我々が直接それらを販売する権利を有していない。近年消費者への訴求力が強い農産物直売所への販売は注目に値する。それ故、その作業は農家に担当してもらっている。農業指導だけでなく、圃場、トラクターやその他の農機具を農家から無償で借りている。それに対して、我々は例えば、短期間での収穫や棚の設置等を手伝うようにしている。

　共同作業を開始する以前、農家は作業に対して、体力的な面よりも精神的な面での負担が大きく、作業効率だけでなく、作業時間そのものが低下していたとのことであった。我々がそれをおこなうことで負担が軽減されるという直接的な効果も十分にあるが、それ以上に共に圃場で作業をおこなっているということそれ自体が農作業に対するモチベーションを高めているとのことである。繰り返せば、農作業を楽しく出来る環境が形成されるということである。

　古民家再生カフェでの農産物の販売をおこなっている。古民家再生施設の店主はこだわりが強い傾向にあり、それを好む消費者を引き付けている。「こだわり」は「癖」ではなく、古き良きモノの魅力に価値を見出す観念であり、抽象的ではあるが、その価値観が広く共有されている。この価値観を共有する者に対して、そのような店主は非常に寛容な態度であることが常である。例えば、他の古民家再生施設のリーフレットを置いたり、店内に客が生産した商品を取り扱ったりすることは頻繁である。学生に対する教育として、取引の依頼、商品の販売に関する相談等、営業担当者としての学びの場となる。

　清水白桃の京阪神のケーキ店への販売は安定した販売先の確保に関する学習の場となる。商品の案内状の作成、電話での対応、商品に関する情報提供等は多様に就職に活かせる活動である。

　もうひとつの実践教育は地域活性化プロジェクトである。前任校ではチャレンジショップを開設し、地域住民の季節毎の集まりでは出店をしていた。その経験を活かして、活性化が可能であると思われる地域の公的機関との直接的な交渉によって、その機会を得たい。

第3節　就職指導

　実践教育と合わせて、筆者自身による就職指導を強化している。筆者の専門が流通・マーケティングであり、学生の就職先に関する多様な情報を提供することは理論と実践の融合を間接的に図る大切な場である。

　実践教育は就職指導をする前提として、学生の様々な情報を収集し、適正を

判断するための場である。筆者はゼミの活動を学生に事前に伝えていること、又、基本的に筆者の考えに近い学生が集まることから、以下のような事例を比較的効率よくおこなうことが出来る。

地元で就職し、転勤を希望しない学生に対して、合意があれば、農業に関心のある学生は農協や農機具販売会社等、農業関連企業・組織にエントリーさせている。前節にある農業実践は彼らに対して、直接的なエントリー素材になる。又、そのように実践教育の内容を設定している。様々な取り組みを実践し、企画する能力が大切である。現勤務校では 2020 年度卒業のゼミ生 1 名は地元農協に就職した。農業関連への志望学生が各学年にいるため、継続的に内定を獲得出来ればと思っている。

地元志望の学生に対して、農業関係以外では信用金庫、地方銀行にもエントリーさせている。筆者は流通・マーケティングが専門であるが、商品の最終的な流通の局面となる営業担当者の活動を分析するため、サービス・マーケティングも研究対象にしている。サービス・マーケティング研究の始まりのひとつは銀行業での消費者との短時間での接点に関する活動であったことを付け加えておく。

比較的転勤の幅が狭い業界として、製薬卸売企業、自動車ディーラーへの指導は前任校での実績を基礎として、専門領域の中心的な分析対象であることから的確に指導する自信がある。学生には卸売機能の役割を、マーケティングにとって最終的に営業担当者の活動の幅と深さが重要であることを理解してもらえるよう工夫している。家には大きな圃場がある 2019 年度卒業生は地方最大手の製薬卸売企業に就職した。2021 年度卒業予定の学生は地元製薬卸売企業に内定した。

本務校は小さな地方私立大学ではあるが、一部上場優良企業、地方の優良企業への就職支援に力を入れている。その場合、出発点は学生の様々な可能性を発見することであり、それを基礎として、適切な方向性を相談しながら決定している。そのような指導の対象となる学生はエントリー数が非常に少なく、会社を徹底的に分析している。2021 年度卒業予定の学生は当初の予定通り不動

産業界トップ企業の内定を獲得した。

　学歴は現在でも十分に機能している。学歴社会の基礎力は中学や高校での学習である。それが社会生活の中で生きていることを筆者は十分に認めるものではあるが、偏差値とは異なる基準にある「生きる力」も大切である。誰にも負けない「挨拶」や「笑顔」もその 1 つである。実践教育は生きる力を養う場となる。

　エントリーシートの作成・添削指導もおこなっている。服装、証明写真、会社とのやりとり、細かい点に至る指導は学生から求められたならば、深夜でもおこなっている。例えば、ある会社の面接について、時間通りに来社するようにとの連絡があり、学生からどのタイミングで会社に行けばいいのか尋ねられたことがある。その会社の社風からして、最寄り駅までは早くに到着し、カフェで時間調整をし、指定時間ギリギリに行くようにと伝えた。当日、早く到着した学生は厳しく注意されていたとのことであった。

おわりに

　筆者は学生にとって、大学生活の集大成のひとつは就職であると考える。大学の設備やシステムが不十分であったとしても、丁寧な就職指導と納得の出来る就職先が得られたならば、全体としての学生生活に対する満足度は高くなるものと筆者は考えている。それは就職が将来に係わる重要な選択であり、満足ではなく、歓喜に近いものと言えるからである。又、それは長期間に渡って大学での大切な思い出となる。

　教員は講義だけでなく、専門分野を活かした学生サービスの充実を図る努力をすべきなのではないか。学生の獲得は自らの職場・地位の保全となる。筆者は流通・マーケティングとサービス・マーケティングが就職活動をサポートする最適な研究領域であったと、その偶然に感謝している。

補章 2 家族

はじめに

　経済活動の最少単位である家族・世帯の今日的内容をみておこう。我々日本人が物質的に豊かな社会で生活していることは疑う余地もない。しかし、サービス経済化は本来的には精神的な豊かさを示すひとつの指標であるとされるものの、我が国におけるサービス財への価格抑制に係わる慣習はその実現を構造的に困難にしている。本来、人的資源そのものが財を形成する割合の高まりはその財の受け手に対して、直接的な利便性・有用性だけでなく、観念的効用を高めることによって、精神的な満足度を高めるものでなくてはならないからである。

　精神的な豊かさを十分に得ることが困難となる根本的要因として、家族に対する我々の認識での変化が大きく影響しているものと筆者は感じている。論理構成が全く未熟な段階ではあるが、今日的経済現象の根幹に係わる問題であると思われるため、あえて紙幅を確保した。

　経済活動の最小単位、家計である家族・世帯はますますその構成人数が縮小している。核家族化と単独世帯の増加要因の説明は時代によって変容する多様な環境要因と消費者の内的要因との構造的分析が時系列的になされなくてはならず、筆者にはそのような能力がない。そうではあっても、経済学における原理論を演繹的に活用することによって、非常に限定的ではあるが、可能な範囲での分析を進めたい。

第1節　核家族・単独世帯

　資本主義社会が登場し、産業資本が資本を増殖する、それは資本家が資本を蓄積する過程を整理する。商品流通には産業資本と商業資本が必要不可欠である。それらは価値を生産する過程とその価値を実現する過程である。両資本が同一経済主体のもとで統合されることを抑制・制限する制度は特別な場合を除いて存在しない。経済主体の自由な意志決定によって、産業資本と商業資本は異なった経済主体が担うという現象が一般化する。それは社会経済全体の費用を節約するからである。すなわち、両者への分化は経済的に合理的なものであったということである。商業資本の具体的内容もその延長線上にあって、分化が促進される。卸売業と小売業との分化は商品流通における重要な社会的分化である。広告業、金融業だけでなく、我が国にあって、先進諸外国からの強い批判の対象となる卸売業の多段階構造もそのひとつである。資本におけるそのような分化は本来的な機能への専門化を意味する純化と表現される[1]。

　そのような分化に似ているかのようにもみえる現象として、家庭内労働の外生化・効率化は中食、引越サービス、室内清掃サービス、食器洗浄乾燥機、家庭内器機の遠隔操作システム等を生み出した。特に、介護サービスは日本人の伝統的な家族の関係やあり方に大きな影響を与えた。それらは労働時間や余暇の消費の全体的増加を家庭内労働の軽減によって埋め合わせるための消費であるとも理解される。そのような行動の倫理性・社会性の考察を除外すれば、家族の単位が小さくなる合理性がそこにはみられる。

　P. L. Wachtel がその本質を分析する。資本主義社会にあって、豊かさを求める人々は経済的成功による一定水準の、それは各自異なった水準ではあるが、絶対的所得の獲得ではなく、経済的成功が継続し、獲得する市場が拡大し続ける状態を無意識にではあっても求めている。それ故、豊かさを感じ続けたい人々はますます労働量の増加をはからなくてはならなくなる。豊かさを求めるが故

---

1)　森下二次也『現代商業経済論 改訂版』1977 年。

に、自らを追い込むという矛盾を抱え込む。豊かさを感じられていない人々は一定水準の所得を獲得するために労働を強化する[2]。このような思考が広く社会に行き渡っている場合、所得を分配する家族・世帯を小さくすることは合理的・必然的であるとも理解される。

第 2 節　家族内の信頼関係

　封建社会にみられた家族関係の親密さ[3]からすれば、今日のそれはその程度を低下させていることは明白である。信頼関係は観念的な概念であるため、その程度を直接的に記述することは困難である。それ故、簡単ではあるが、間接的な現象の事例をもって分析する。

　先述した親に対する介護を外生化する傾向は強くなっている。過去にあって、子供を育てた親に対する感謝の表れとして、親の介護は一般的・慣習的なものであった。介護保険制度は年々高騰する国民医療費を抑制するための諸策のひとつとして、導入されたという経緯がある。その根底に、介護保険制度は日本固有の家族関係からすれば、積極的には使われないであろうという予測があった。しかし、その思惑に反して積極的に利用されている。

　マス媒体で報じられる事件として、家族間の争い事の解決を直ぐ警察に求める傾向が強くなっているように感じているのは筆者だけではないであろう。

　家族内の信頼関係の程度は低下していると考えるのが妥当なのではないか。

第 3 節　新しい家族感

　ペットに対する感情も観念的なものであるため、説明が難しいものの、ペットを家族の構成員であると認識する傾向は強くなっているのではないか。

---

2)　P. L. Wachtel, *The Poverty of Affluence: A Psychological Portrait of the American Way of Life*, New York: Free Press, 1983.（土屋政雄訳『「豊かさ」の貧困－消費社会を超えて－』TBS ブリタニカ、1985 年）。

3)　本章にあって、「親密さ」は互いの良好な関係だけでなく、様々な形態を取る接触・関係も含めたものである。

過去にあって、犬は庭の犬小屋で過ごす時間が長かった。しかし今日、家の中で過ごすケースが多くなっている。ペットに服を着せたり、トリミングを頻繁にしたり、旅行に同行させるケースも頻繁にみられる。

ペットが家族の一員と認識されていると多くの経営者・管理者も認識するが故に、ペット同伴の施設が増加している。

家族の関係は血のつながりだけではないという側面も強まっているのではないか。

おわりに

インターネットの発達は特に日本人にとって、計り知れない程の影響があった。経済活動における取引関係にあって、長期的人間関係重視型から経済合理性重視型への大転換がそのひとつである。このような経済活動での動きは市場を通して消費者へ影響を与える。しかし、白石善章によれば、市場の性格を規定するのは商品流通の主体ではなく、消費者の行動やその結果としての制度、又は、それらの根底にある思考の様式が本質であるとされる。[4] 筆者もその見解に同意する立場にある。その論理が正しければ、企業の社会性・倫理性は消費者のそれと同値にあると理解される。

分析の対象を友人関係や人間関係に広げると加速度的に複雑化する。その分析では興味深い様相が確認出来るであろうことは容易に予測される。特に、ソーシャルネットワークの発達は情報交換を爆発的に促進させている。関係の存在とその質をどのように捉えるのか。精神的な豊かさに人間関係が介在するとするならば、その追求は我々の生活のあり方を根底から考え直す必要を迫るかもしれない。

---

4) 白石善章『市場の制度的進化―流通の歴史的進化を中心として―』創成社、2014年。

執筆者紹介（執筆順。なお＊は編者）

松井温文＊（まつい あつふみ）：第1章・第3章〜第5章・第8章・補章1・補章2執筆
　　岡山商科大学経営学部 教授

伊部泰弘（いべ やすひろ）：第2章執筆
　　新潟経営大学経営情報学部 教授

菊森智絵（きくもり ともえ）：第6章〜第8章執筆
　　関西大学大学院ガバナンス研究科 博士前期課程修了

清水真（しみず まこと）：第9章執筆
　　中部大学経営情報学部 教授

編著者紹介

松井 温文 （まつい あつふみ）

1964 年 大阪府生まれ

現在　岡山商科大学経営学部 教授

平成・令和にみる経済現象

2021 年 9 月 8 日　　第 1 版第 1 刷発行

編著者：松井 温文
発行者：長谷 雅春
発行所：株式会社 五絃舎
　　　　〒 173 - 0025　東京都板橋区熊野町 46 - 7 - 402
　　　　Tel & Fax : 03 - 3957 - 5587
　　　　e-mail：gogensya@db3.so-net.ne.jp
組　版：Office Five Strings
印　刷：モリモト印刷
ISBN 978-4-86434-142-4